薦度品

소태산 대종경 마음공부

9. 천도품

글·균산 최정풍 교무

머리말

『대종경大宗經』은 원불교 교조인 소태산少太山 박중빈朴重彬 대종사大宗師의 언행록입니다. 원기47(서기1962년)에 완정하여 『정전正典』과 합본, 『원불교교전』으로 편찬 발행되었습니다. 『정전』이 소태산 대종사가 직접 저술한 원불교 제1의 경전이라면 『대종경』은 그의 사상 전반을 이해할 수 있는 제2의 대표 경전입니다. 소태산 대종사의 열반원기28년, 서기1943년 후 『대종경』 편찬에 신속히 착수한 제자들의 노력 덕분에 소태산 대종사의 생생한 말씀과 행적이 온전하게 세상에 전해지게 되었습니다.

소태산의 수제자 정산鼎山종사는 "정전은 교리의 원강을 밝혀 주신 '원元'의 경전이요, 대종경은 두루 통달케 하여 주신 '통通'의 경전이라"고 설한 바 있습니다. 원리적인 가르침을 압축해놓은 『정전』의 이해를 도와주는 필독 경전이라고 할 수 있습니다.

『대종경』은 별다른 해석이나 주석 없이 그냥 쉽게 읽을 수 있는 경전입니다. 하지만 요즘 사람들에게는 낯선 한자 용어에 대한 설명이나 내용 이해를 돕는 부연 설명이 경전 읽기에 도움이 될 수도 있겠다는 생각으로 이 책을 집필하게 되었습니다.

또한 이 책은 『대종경』을 처음 공부하는 이들이 좀 더 쉽게 내용을 파악하도록 돕기 위해서 기획되었습니다. 그런 이유로 첫째, 『대종경』 원문의 문장을 새롭게 편집했습니다. 기본적인 편집 방식에서 벗어나 문단을 왼쪽 정렬로 하고 필자 임의로 문단 나누기, 문장 나누기, 띄어쓰기했습니다. 둘째, 어려운 용어들은 사전적 풀이를 요약해서 원문 아래에 각주를 달았습니다. 셋째, 원문에 대한 필자의 부연 설명을 시도했습니다. 이 내용들은 매우 주관적인 해석이라는 한계를 갖고 있습니다. 다른 참고 교재들을 충분히 참고할 것을 권장합니다. 넷째, 경전 내용의 실생활 활용에 방점을 둔 질문들을 해보았습니다. 경전의 내용 파악을 돕기 위한 질문들도 있지만 자신의 삶을 성찰해야만 응답할 수 있는 질문들도 포함되었습니다. 이에 대한 대답은 독자마다 다를 것이고 독자들의 공부 정도에 따라서도 달라질 것입니다. 특정한 정답보다는 최선의 답이 필요합니다. 이런 질문에 응답하는 과정에서 공부가 깊어지기를 바랐습니다. 경전 공부가 더 많은 자문자답으로 이어지기를 기대합니다.

  이 책은 주로 교화자로서 살아온 필자가 교화자의 관점에서 쓴 교화교재입니다. 여기 담긴 필자의 견해는 교단의 공식적 견해와는 무관합니다. 현명한 독자들께서 이런 점들을 감안하여 공부의 한 방편으로 활용해주시길 바랍니다. 부족하거나 틀린 내용에 대해서는 여러분들의 가르침을 기다리겠습니다. 아무쪼록 이 작은 책이 주세불 소태산 대종사의 심통제자心通弟子가 되는 데 겨자씨만한 도움이라도 되기를 기원합니다. 출판을 도와주신 모든 분들의 은혜에 깊이 감사합니다.

소태산 마음학교 원남교실 경원재에서
원기109년(서기2024) 1월 1일 균산 최정풍 교무 합장

참고

『대종경』 공부를 하기 전에 「원불교 교사敎史」 일독을 권합니다. 『대종경』은 언행록言行錄이지만 관련 상황에 대한 자세한 설명은 생략된 경우가 많습니다. 교사를 읽으면 법문의 전후 상황을 파악하는 데 큰 도움을 받을 수 있습니다.

다음은 『대종경大宗經』 공부에 도움이 될 만한 대표적인 해설서 및 참고 도서입니다.
『원불교대종경해의』(한정석, 동아시아, 2001),
『대종경풀이』(류성태, 원불교출판사, 2005),
『주석 대종경선외록』(편저 이공전, 주석: 서문성, 원불교출판사, 2017),
『초고로 읽는 대종경』(고시용, 원불교출판사, 2022),
『원불교교고총간』(원불교출판사, 1994),
『대종경 강좌上·下』(조정중, 배문사, 2017) 등이 있습니다.

법문과 원불교 용어 설명 대부분은
'원불교' 홈페이지 http://won.or.kr/ '경전법문집', '원불교대사전' 내용을 인용했습니다.
그 밖에는 '네이버 사전' http://naver.com 에서 인용했습니다.
필자가 쓴 부분은 '필자 주'로 표기했습니다.

'나의 마음공부'란에는 몇 가지 질문을 실었지만 답을 싣지는 않았습니다. '자문자답'이 더 중요하다고 생각했습니다. 답을 찾는 과정이 '교당내왕시 주의사항'을 실천하는 계기가 되기를 기대합니다. 먼저 자력으로 답을 해보고, '교화단'에서 회화도 하고, 교화단장이나 교무 등 지도인과 문답問答·감정鑑定·해오解悟를 하기 좋은 소재가 되기를 기대합니다.

본문의 문체는 최대한 구어체를 사용했습니다. 독자와의 거리감을 줄이려는 노력이지만 전통적인 문법에는 맞지 않을 수 있습니다. 양해를 구합니다.

이 책을 '경전' 훈련을 위한 교재, '자습서' 삼아서 밑줄도 치고 필기도 하면서 편리하게 활용해주시면 감사하겠습니다.

▶ YouTube '소태산 마음학교'에서 관련 대종경 동영상 시청이 가능합니다.

• 이 책은 故유달현(정식) 교도 가족의 후원으로 출판되었습니다.
  감사합니다.

천도품
薦度品

목차

천도품 1장 : 잘 죽는 사람   10
천도품 2장 : 영혼을 보내는 방법   16
천도품 3장 : 열반의 시기가 가까움을 깨닫거든   26
천도품 4장 : 천도를 위한 성주   34
천도품 5장 : 열반 전후에 후생 길 인도하는 법설   38
천도품 6장 : 영생을 보증   48
천도품 7장 : 생과 사의 도   56
천도품 8장 : 눈을 떴다 감았다   60
천도품 9장 : 다시 이 세상에 새 몸을 받아   64
천도품 10장: 이승과 저승   68
천도품 11장: 윤회를 자유하는 방법   72
천도품 12장: 최후의 일념   76
천도품 13장: 새 육신을 받는 경로   82
천도품 14장: 하루살이 같은 느낌   88
천도품 15장: 아주 없어지는 것은 없고   94
천도품 16장: 죽어도 그 영혼이요 살아도 그 영혼   100
천도품 17장: 참으로 영원한 나의 소유   104
천도품 18장: 염라국과 명부사자   108
천도품 19장: 착 없는 공부   114
천도품 20장: 좋은 묘터   118

천도품 21장: 그대를 구원하고자 하나	122
천도품 22장: 범부 중생의 업장	128
천도품 23장: 하늘 사람과 땅 사람	132
천도품 24장: 악도 중생을 천도하는 대법사	136
천도품 25장: 정신을 모아 마음을 맑히고 보면	140
천도품 26장: 맑은 기운과 탁한 기운	144
천도품 27장: 지옥 중생이라도 천도할 능력	150
천도품 28장: 업보를 멸도시키는 방법	154
천도품 29장: 어찌 정성에 감응이 없으리요	162
천도품 30장: 지성이면 감천	168
천도품 31장: 파리가 제힘으로는 천리를 갈 수 없으나	176
천도품 32장: 영혼에는 어른과 아이의 구별이 없나니	180
천도품 33장: 재를 올리는 공이 결코 헛되지는 아니하여	184
천도품 34장: 천도재를 어찌 사십구 일로 정하였나이까	188
천도품 35장: 이생의 최후 일념	194
천도품 36장: 탐·진·치에 끌린 영	200
천도품 37장: 가까운 인연	208
천도품 38장: 자기 생전에 자기의 천도를	214

대종사 말씀하시기를
[범상한 사람들은 현세現世에 사는 것만 큰일로 알지마는,
지각이 열린 사람들은 죽는 일도 크게 아나니,
그는 다름이 아니라 잘 죽는 사람이라야 잘 나서 잘 살 수 있으며,
잘 나서 잘 사는 사람이라야 잘 죽을 수 있다는 내역과,
생은 사의 근본이요 사는 생의 근본이라는 이치를 알기 때문이니라.

그러므로, 이 문제를 해결하는 데에는 조만早晚이 따로 없지마는
나이가 사십이 넘으면 죽어가는 보따리를 챙기기 시작하여야
죽어 갈 때에 바쁜 걸음을 치지 아니하리라.]

『대종경』「천도품」1장

- 천도 薦度 : 죽은 사람의 영혼을 바른길로 인도하고, 악한 사람을 선한 사람으로 전환시키며, 자기 자신을 진급시키는 노력을 하는 것. ① 열반인 천도 : 죽은 사람의 명복을 빌고 영가靈駕로 하여금 이고득락離苦得樂·지악수선止惡修善·전미개오轉迷開悟하게 하여 악도를 놓고 선도로 들어가게 하는 일. 자손이나 친지들이 7·7천도재 등을 지낸다. ② 타인 천도 : 한 사람을 착한 사람이 되도록 도와주고, 악도에서 선도로 이끌어주는 것. ③ 자기 천도 : 자기 자신이 생사해탈과 진급이 되도록 노력하는 것.
- 조만 早晚 : 이름과 늦음.
- 영가 靈駕 : 영혼의 다른 말. 중음신中陰身의 상태로 있을 때의 사람의 영靈. 이생에서 삶을 마치고 떠난 영혼이 다음생의 생명을 받기 이전까지의 상태를 말한다. 이 기간에 영혼은 새 몸을 받을 곳을 찾아가게 되는데 이때 미혹되어 그릇된 길로 빠지지 않고 바른길을 찾도록 이끌어주기 위해 천도재를 올린다. '가駕'는 탈 것, 수레를 뜻하는 말로 영혼이 갈 길을 찾아 움직이는 존재임을 나타내기 위해 영가라고 이름 한다. 원불교에서는 천도재를 올릴 때 '아무개 영가시여' 라고 외치며 영가를 불러내어 영가가 바른길을 찾도록 일깨운다.

잘 죽는 사람 | 풀이 |

대종사 말씀하시기를
[범상한 사람들은 현세現世에 사는 것만 큰일로 알지마는,
지각이 열린 사람들은 죽는 일도 크게 아나니,

소태산 대종사님은 『정전正典』「일원상 서원문」에서
'일원一圓은 언어도단言語道斷의 입정처入定處이요 유무초월有無超越의 생사문生死門인 바'라고
말씀하셨습니다.
우주의 궁극적 진리를 설명하시면서
생과 사를 자유롭게 드나드는 문(생사문生死門)과 같다고 비유하셨습니다.
'생'과 '사'를 나눠서도 보지만
'생'에서 '사'로 갈 수 있고 '사'에서 '생'으로 갈 수 있다고 보신 것입니다.

'지각이 열린 사람들'이 '죽는 일도 크게 아'는 이유는
죽음이 곧 삶과 직결되어 있기 때문입니다.
생과 사가 둘이 아니기 때문입니다.
현세의 삶만을 중시하는 것은 삶의 반쪽을 도외시하는 일이기 때문입니다.
우리들의 삶이 온전하려면 죽음까지 포함한 삶이 되어야 하기 때문입니다.

그는 다름이 아니라 잘 죽는 사람이라야 잘 나서 잘 살 수 있으며,
잘 나서 잘 사는 사람이라야 잘 죽을 수 있다는 내역과,
생은 사의 근본이요 사는 생의 근본이라는 이치를 알기 때문이니라.

'잘 사는 것'과 '잘 죽는 것'이 둘이 아님을 말씀하십니다.
'생'과 '사'가 하나로 연결되어 있기 때문입니다.

소태산 대종사님은 모든 것이
'없어서는 살지 못할 관계'로 맺어져 있다고 '은혜'의 소식을 전해주셨습니다.
우주 만물만이 아니라 삶과 죽음도 그렇게 맺어져 있다고 보아야 합니다.
서로 원인과 결과가 되는 '인과의 관계'로, 하나로 맺어진 것입니다.

인과의 이치로 본다면,
잘 죽어야 잘 태어날 수 있고,
잘 태어나서 잘 살아야 잘 죽을 수 있는 것입니다.
삶과 죽음을 하나로 보아야 알 수 있는 이치입니다.

삶과 생명은 좋은 것이고, 죽음은 고통스럽고 나쁜 것이라는 생각은
그 생각 자체가 고통의 원인이 되는 이분법적 사고입니다.
이런 생각에 갇혀서는 큰 생명을 얻기 힘들고 큰 삶을 살기 어렵습니다.
생명의 실상에 다가가기 쉽지 않습니다.
그래서 그런지 아직도 '죽음의 공포'를 조장해서 종교 장사를 하는 데가 많습니다.
맹신으로 죽음의 공포를 벗어나려는 노력은 부질없습니다.
그보다는 죽음에 관한 공부를 하고, 죽음의 실상을 깨닫는 것이 더 중요합니다.

'생은 사의 근본이요 사는 생의 근본이라는 이치'를 깨달으면
생사를 해탈할 수 있습니다.
그러면 자연히 '잘 태어나고', '잘 살고', '잘 죽는'
일련의 과정에 공을 들이게 될 것입니다.
매 순간 열심히 사는 것이 곧 죽음을 준비하는 것이 됩니다.
이 공부가 죽음을 준비하는 참다운 공부일 것입니다.

원불교 공부인이라면 죽음을 거부하지 않아야 합니다.
죽음을 온전히 받아들이고 회피하지 않아야 합니다.
오히려 죽어야 할 때 '잘 죽을 수 있'는 공부를 평소에 해야 합니다.

그러므로, 이 문제를 해결하는 데에는 조만早晩이 따로 없지마는
나이가 사십이 넘으면 죽어가는 보따리를 챙기기 시작하여야
죽어 갈 때에 바쁜 걸음을 치지 아니하리라.]

'이 문제', 즉 '생과 사'의 문제 해결은 수도인만의 숙제가 아니라
모든 인간의 문제일 것입니다.
사람은 언제나 죽을 수 있습니다.
이 숙제가 시급한 까닭이고 대종사님께서 '조만이 따로 없'다고 하신 이유입니다.
어림잡아서 나이 '사십'이면 죽음을 준비하라고 하십니다.
먼 길을 나서는 나그네가 보따리를 챙기듯이.
바쁜 걸음을 '죽어갈 때' 치지 말고 '살아 있을 때' 쳐야겠습니다.

나의 마음공부

- 나는 '죽는 일'을 얼마나 '큰 일'로 여기고 있나요?

- '삶과 죽음이 둘이 아니구나'라고 느끼고 깨달은 때는 언제인가요?

- 나는 남은 인생을 어떻게 살아야 '잘 죽고', '잘 태어날 수' 있을까요?

- 나는 '죽어가는 보따리'를 언제 어떻게 챙겨야 할까요?

대종사 말씀하시기를
[사람이 세상에 나면 누구를 막론하고 열반의 시기가 없지 아니한지라,
내 오늘은 그대들을 위하여
사람이 열반에 들 즈음에 그 친근자로서 영혼을 보내는 방법과
영혼이 떠나는 사람으로서 스스로 취할 방법을 말하여 주리니 이 법을 자상히 들으라.

만일, 사람이 급한 병이나 무슨 사고로 불시에 열반하게 된다든지,
또는 워낙 신심이 없어서 지도하는 바를 듣지 아니할 때에는
모든 법을 다 베풀기가 어려울 것이나,
불시의 열반이 아니고 또는 조금이라도 신심이 있는 사람에게는
이 법을 행하고 보면 최후의 마음을 더욱 굳게 하여 영혼 구제에 큰 도움이 되리라.

열반이 가까운 병자에 대하여 그 친근자로서는,
첫째, 병실에 가끔 향을 불사르고 실내를 깨끗이 하라.
만일 실내가 깨끗하지 못하면 병자의 정신이 깨끗하지 못하리라.
둘째, 병자가 있는 곳에는 항상 그 장내를 조용히 하라.
만일 장내가 조용하지 못하면 병자의 정신이 전일하지 못하리라.
셋째, 병자의 앞에서는 선한 사람의 역사를 많이 말하며
당인의 평소 용성用性한 가운데 좋은 실행이 있을 때에는
그 조건을 찬미하여 마음을 위안하라.
그러하면, 그 좋은 생각이 병자의 정신에 인상되어 내생의 원 습관이 되기 쉬우리라.
네째, 병자의 앞에서는 악한 소리와 간사한 말을 하지 말며,
음란하고 방탕한 이야기를 금지하라.
만일 그러하면, 그 악한 형상이 병자의 정신에 인상되어

또한 내생의 원 습관이 되기 쉬우리라.

다섯째, 병자의 앞에서는 가산에 대한 걱정이나 친족에 대한 걱정 등

애연한 말과 비창한 태도를 보이지 말라.

만일 그러하면, 병자의 애착과 탐착을 조장하여

영혼으로 하여금 영원히 그 곳을 떠나지 못하게 하며,

그 착된 곳에서 인도 수생의 기회가 없을 때에는 자연히 악도에 떨어지기가 쉬우리라.

여섯째, 병자의 앞에서는 기회를 따라 염불도 하고 경도 보고 설법도 하되,

만일 음성을 싫어하거든 또한 선정으로 대하라.

그러하면, 병자의 정신이 거기에 의지하여 능히 안정을 얻을 수 있으리라.

일곱째, 병자가 열반이 임박하여 곧 호흡을 모을 때에는

절대로 울거나 몸을 흔들거나 부르는 등 시끄럽게 하지 말라.

그것은 한갓 떠나는 사람의 정신만 어지럽게 할 따름이요,

아무 이익이 없는 것이니,

인정상 부득이 슬픔을 발하게 될 때에는 열반 후 몇 시간을 지내서 하라.]

『대종경』「천도품」2장

- **열반涅槃** : (1)불교에서 수행에 의해 진리를 체득하여 미혹迷惑과 집착執着을 끊고 일체의 속박에서 해탈解脫한 최고의 경지. 열반이란 싼스끄리뜨 니르바나(nirvāna)의 음역이며, 니원泥洹·열반나涅槃那 등으로 음역하기도 하고, 멸도滅度·적멸寂滅·원적圓寂, 또는 무위無爲·부작不作·무생無生 등으로도 의역한다. '(바람 따위를) 불다, 그치기 위하여 불다, 불어서 꺼뜨리다. (불 등을)끄다. 등의 의미를 지닌 어근.
열반의 본뜻은 '불어서 끄는 것', '불어서 꺼진 상태'를 뜻하며, 마치 타고 있는 불을 바람이 불어와 꺼버리듯이, 타오르는 번뇌의 불꽃을 지혜로 꺼서 일체의 번뇌·고뇌가 소멸된 상태를 가리킨다. 그때 비로소 적정寂靜한 최상의 안락安樂이 실현된다. 현대적인 의미로는 영원한 평안, 완전한 평화라고 할 수 있다. 남방의 팔리 불교에서는 조림稠林이 없는 것으로, 이 경우에도 번뇌의 숲이 없어진 상태를 열반이라고 한다.
부파불교部派佛敎에 이르러서는 석가불의 이상화·신격화에 따라 열반에 대한 생각도 변하여, 수행자가 아무리 노력을 하여도 이 세상에 생존하는 동안에는 완전한 열반을 체득하기란 어려운 것으로 생각했다. 그래서 이 세상에 생존하는 동안에 얻어진 열반은 불완전한 것이라고 보아 유여열반有餘涅槃이라 하며, 사후에 비로소 완전한 상태에 들어간다고 보아 무여열반無餘涅槃이라고 한다. 그러므로 수행자는 석가불과는 달리 열반의 경지가 아니라 아라한阿羅漢(궁극의 깨달음을 얻은 사람)의 경지에 도달하는 것이라고 보았다.
대승불교에서는 유여·무여열반 외에 본래자성청정열반本來自性淸淨涅槃·무주처열반無住處涅槃을 주장했다. 전자는 일체중생의 심성心性이 본래 청정하다는 것으로, 진여眞如 그 자체임을 달관하여 안심의 경지에 이르는 것을 말하며, 후자는 대승불교에서 이상으로 여기는 열반으로서 생사에도 머물지 않고 열반에도 머물지 않는 것, 곧 자비와 지혜가 원만하게 갖춤을 뜻하는 비지원만悲智圓滿, 또는 아무런 조작 없이 있는 그대로 운용됨을 뜻하는 임운무작任運無作의 불·보살의 상태를 말한다. 결국 열반이 어떤 특별한 경지로서 실재하는 것으로 생각하는 것은 범부凡夫의 미혹이며, 열반은 유도 무도 아닌 공空으로서 윤회나 열반이나 어떤 구분도 없다는 것이다.
(2) 스님의 죽음, 또는 일반적으로 사람의 죽음을 불교적으로 높여 부르는 말로 사용한다.
- **용성用性** : 성품을 사용함. 마음을 씀.(필자 주)
- **비창悲愴** : 마음이 몹시 상하고 슬픔.
- **선정禪定** : 불교의 근본 수행방법 가운데 하나. 반야般若의 지혜를 얻고 성불하기 위해 마음을 닦는 수행. 불교 대승보살들의 수행덕목인 육바라밀의 하나. 선정이란 마음이 산란해지는 것을 멈추고, 마음을 고요하게 통일하여 입정삼매에 들어가는 것을 의미한다.

영혼을 보내는 방법 | 풀이 |

대종사 말씀하시기를
[사람이 세상에 나면 누구를 막론하고 열반의 시기가 없지 아니한지라,
내 오늘은 그대들을 위하여
사람이 열반에 들 즈음에 그 친근자로서 영혼을 보내는 방법과
영혼이 떠나는 사람으로서 스스로 취할 방법을 말하여 주리니
이 법을 자상히 들으라.

죽음을 맞이한 사람의 가까운 인연들이 유념해야 할 것들에 대해
소태산 대종사님께서 가르침을 주십니다.
여기서 '열반'은 '죽음'을 의미합니다.
죽어가는 이를 아끼고 사랑해서 슬픔에 빠진 가까운 인연들이 하는 행동을
진리의 관점에서 돌아보게 하는 법문입니다.
슬픔이나 여타의 감정에서 벗어나 지혜롭게 심신작용을 하는데
큰 도움이 되는 내용입니다.

만일, 사람이 급한 병이나 무슨 사고로 불시에 열반하게 된다든지,
또는 워낙 신심이 없어서 지도하는 바를 듣지 아니할 때에는
모든 법을 다 베풀기가 어려울 것이나,
불시의 열반이 아니고 또는 조금이라도 신심이 있는 사람에게는
이 법을 행하고 보면 최후의 마음을 더욱 굳게 하여
영혼 구제에 큰 도움이 되리라.

대종사님은 사람이라면 언제 어디서나 마음을 챙겨야 하고
마음공부를 놓지 말아야 한다고 하셨습니다.

죽음의 순간도 예외가 아닙니다.
오히려 다른 때보다 훨씬 더 중요하다고 할 수 있습니다.
안타깝게도 불시에 죽음을 맞는 경우에는
마음을 챙기기 어렵고 주위 인연들이 마음 챙김을 도와주기도 어렵습니다.
또한 도와주려고 해도 '조금이라도 신심'이 있어야 합니다.
그래야 '이 법을 행'할 수 있어서,
열반인의 '영혼 구제에 큰 도움'을 줄 수 있다고 알려주십니다.

대종사님 관점에서는 죽음의 순간은 다음 생을 좌우하는 중요한 순간입니다.
이때 행하는 도움이 열반인의 다음 생에 큰 영향을 미치게 됩니다.
'인과의 이치'에 예외가 없는 셈입니다.
다음 생의 '결과'를 위해서
이생의 마지막 순간에 의미 있는 '원인'이 필요한 것입니다.
생사를 하나로 꿰뚫어 보는 혜안으로 다음 생을 위한 마지막 불공을 알려주십니다.
인과의 이치를 깊이 깨달으신 분만이 할 수 있는 가르침입니다.

열반이 가까운 병자에 대하여 그 친근자로서는,
첫째, 병실에 가끔 향을 불사르고 실내를 깨끗이 하라.
만일 실내가 깨끗하지 못하면 병자의 정신이 깨끗하지 못하리라.

환경은 마음에 영향을 미칩니다.
열반을 앞둔 병자는 청소를 하고 싶어도 몸을 움직일 수 없죠.
불결한 환경에 마음을 빼앗길 수 있습니다.
실내 환경이 정돈되고 청결하면 병자의 마음도 그렇게 영향받기 쉽습니다.
친근자들은 '병자의 정신이 깨끗하'도록 도움을 주어야 합니다.
생을 마치는 순간에 청정일념淸淨一念을 모을 수 있도록 유념합니다.

둘째, 병자가 있는 곳에는 항상 그 장내를 조용히 하라.

만일 장내가 조용하지 못하면 병자의 정신이 전일하지 못하리라.

병자는 소음에 예민합니다.
억지로 듣기 싫은 소리를 듣는다면 매우 고통스러울 것입니다.
장내를 조용히 해서 마음도 조용하고 온전할 수 있도록 도움을 주어야 합니다.
정신을 '전일專一하게(오롯이 하나 되게)' 하는데 도움을 주어야 합니다.

셋째, 병자의 앞에서는 선한 사람의 역사를 많이 말하며
당인의 평소 용성用性한 가운데 좋은 실행이 있을 때에는
그 조건을 찬미하여 마음을 위안하라.
그러하면, 그 좋은 생각이 병자의 정신에 인상되어 내생의 원 습관이 되기 쉬우리라.

열반을 앞둔 병자가 아직 의식이 있고 이야기를 들어도 될 정도라면
그 의식에 좋은 기억이 남도록 선한 이야기를 하라는 말씀입니다.
병자 생전의 선행 등을 칭찬하는 덕담을 하라고 권유하십니다.
'이생의 최후 일념은 내생의 최초 일념이 되나니라' – 『대종경』「천도품」35장 라는
법문과 같이 '최후 일념'을 잘 챙기도록 하라는 가르침입니다.
'좋은 생각' (인因)이
병자의 '정신'에 '인상印象' (연緣)이 되어
'내생의 원 습관' (과果)이 되도록 하라는, 인과의 이치에 근거한 말씀입니다.
이생의 마지막 순간에 심은 마음씨앗이 내생에 좋은 결실을 맺도록 하는 법입니다.

넷째, 병자의 앞에서는 악한 소리와 간사한 말을 하지 말며,
음란하고 방탕한 이야기를 금지하라.
만일 그러하면, 그 악한 형상이 병자의 정신에 인상되어
또한 내생의 원 습관이 되기 쉬우리라.

대종사님은 계속해서 인과의 이치에 의해서 법문을 하십니다.

병자의 정신에 마지막에 각인되는 것이 내생으로 이어진다는 전제하에
가르침을 주십니다.
선인선과 악인악과의 인과보응의 이치를 대입해본다면
열반을 앞둔 병자에게 어떻게 행동해야 할지를 알 수 있습니다.
악한 마음을 일으키는 행동을 금해야 합니다.
'내생의 원 습관' 형성에 나쁜 영향을 미칠 행동은 금해야 합니다.

**다섯째, 병자의 앞에서는 가산에 대한 걱정이나 친족에 대한 걱정 등
애연한 말과 비창한 태도를 보이지 말라.**
만일 그러하면, 병자의 애착과 탐착을 조장하여
영혼으로 하여금 영원히 그 곳을 떠나지 못하게 하며,
그 착된 곳에서 인도 수생의 기회가 없을 때에는
자연히 악도에 떨어지기가 쉬우리라.

유가족들은 흔히 슬픔에 젖어서 슬픈 이야기나 걱정을 말하기 쉽습니다.
그 말을 듣는 병자의 마음이 편할 리 없습니다.
병자의 영혼이 가족들 곁을 떠나지 못할 수 있으며
애착심과 탐착심으로 인해 악도에 떨어지기 쉽다고 경고하십니다.

"그대들은 염라국閻羅國과 명부사자冥府使者를 아는가. 염라국이 다른 데가 아니라 곧 자기 집 울타리 안이며 명부 사자가 다른 이가 아니라 곧 자기의 권속이니, 어찌하여 그런고 하면 보통 사람은 이 생에 얽힌 권속의 정애情愛로 인하여 몸이 죽는 날에 영이 멀리 뜨지 못하고 도로 자기 집 울 안에 떨어져서 인도 수생의 기회가 없으면 혹은 그 집의 가축도 되며 혹은 그 집안에 곤충류의 몸을 받기도 하나니, 그러므로 예로부터 제불 조사가 다 착 없이 가며 착 없이 행하라고 권장하신 것은 그리하여야 능히 악도에 떨어지는 것을 면할 수 있기 때문이니라." - 『대종경』「천도품」18장 라는 법문과 같은 말씀입니다.

여섯째, 병자의 앞에서는 기회를 따라 염불도 하고 경도 보고 설법도 하되,

만일 음성을 싫어하거든 또한 선정으로 대하라.
그러하면, 병자의 정신이 거기에 의지하여 능히 안정을 얻을 수 있으리라.

'염불', '독경', '설법'을 '기회를 따라' 하라고 알려주십니다.
열반을 앞둔 사람의 상태나 상황을 고려해서 하라는 말씀입니다.
하지만, 당사자가 '음성을 싫어'하는 경우에는 '선정禪定으로 대하라'고 하십니다.
소리 없이 '선禪'을 해서 '정定'에 들라는 말씀입니다.
이심전심以心傳心, 동기연계同氣連契이니 병자의 마음과 기운이 안정을 얻어,
'병자의 정신이 거기에 의지하여 능히 안정을 얻'도록 하라는 가르침입니다.

일곱째, 병자가 열반이 임박하여 곧 호흡을 모을 때에는
절대로 울거나 몸을 흔들거나 부르는 등 시끄럽게 하지 말라.
그것은 한갓 떠나는 사람의 정신만 어지럽게 할 따름이요,
아무 이익이 없는 것이니,
인정상 부득이 슬픔을 발하게 될 때에는 열반 후 몇 시간을 지내서 하라.]

병자가 온전한 정신을 챙기도록 돕는 것이 친근자가 할 바입니다.
친근자가 슬픔을 못 이겨 열반이 임박한 병자의 정신을 요란하게 하면 안 됩니다.
한 생을 마감하는 매우 중요한 순간이니 친근자들이 반드시 유념해야 할 때입니다.
열반인의 몸을 흔들고 통곡을 하는 등의 관습적 행동들이
얼마나 잘못된 것인지 알 수 있습니다.
이생의 삶을 마감하고 다음 생으로 넘어가는 열반인 중심으로 생각해야 합니다.
이런 행동들이 '떠나는 사람의 정신만 어지럽게 할 따름'이라는
대종사님의 합리적 가르침을 유념해야겠습니다.
'부득이한 슬픔'도 '몇 시간' 후에나 표하라는 가르침에는
영혼이 자유롭게 떠날 수 있도록 하기 위한 자비로운 깨달음이 담겨 있습니다.

소태산 대종사님의 가르침은 매우 구체적이고 사실적입니다.

막연히 명복을 빌거나 형식적인 축원을 하는 데 그치지 않습니다.
열반인을 위해서 친근자들이 지켜야 할 심신작용, 행동 준칙을 제시해주셨습니다.
좀처럼 접하기 어려운 합리적이고 사실적인 법문입니다.

나의 마음공부

• 나는 열반인들을 떠나 보낼 때 어떻게 떠나 보냈나요? 내 심신작용을 돌아봅니다.

• 가까운 인연을 떠나 보낼 때 내 마음은 주로 어떤가요?

- 내가 가까운 인연을 떠나 보낼 때에 새로 유념해야 할 것은 무엇인가요?

- 열반 직전의 인연을 위해 내가 해줄 수 있는 가장 중요한 일은 무엇일까요?

3

대종사 이어서 말씀하시기를
[열반이 가까운 병자로서는 스스로 열반의 시기가 가까움을 깨닫거든
만사를 다 방념하고 오직 정신 수습으로써 공부를 삼되
혹 부득이한 관계로 유언할 일이 있을 때에는 미리 처결하여
그 관념을 끊어서 정신 통일에 방해가 되지 않게 할지니,
그 때에는 정신 통일하는 외에 다른 긴요한 일이 없나니라.

또는 스스로 생각하되 평소에 혹 누구에게 원망을 품었거나 원수를 맺은 일이 있거든 그 상대자를
청하여 될 수 있는 대로 전혐前嫌을 타파할 것이며,
혹 상대자가 없을 때에는 당인 혼자라도 그 원심을 놓아 버리는 데에 전력하라.
만일 마음 가운데 원진을 풀지 못하면 그것이 내생의 악한 인과의 종자가 되나니라.

또는 스스로 생각하되 평소부터 혹 어떠한 애욕 경계에 집착하여
그 착을 여의지 못한 경우가 있거든
오직 강연히라도 그 마음을 놓아 버리는 데에 전력하라.
만일, 착심을 여의지 못하면 자연히 참 열반을 얻지 못하며,
그 착된 바를 따라 영원히 악도 윤회의 원인이 되나니라.
병자가 이 모든 조항을 힘써 오다가 최후의 시간이 이른 때에는
더욱 청정한 정신으로 일체의 사념을 돈망하고
선정 혹은 염불에 의지하여 영혼이 떠나게 하라.

그러하면, 평소에 비록 생사 진리에 투철하지 못한 사람일지라도
능히 악도를 면하고 선도에 돌아오게 되리라.
그러나, 이 법은 한갓 사람이 열반에 들 때에만 보고 행하라는 말이 아니라

평소부터 근본적 신심이 있고 단련이 있는 사람에게 더욱 최후사를 부탁함이요,
만일 신심과 단련이 없는 사람에게는
비록 임시로 행하고자 하나 잘 되지 아니하리니,
그대들은 이 뜻을 미리 각오하여 임시 불급臨時不及의 한탄이 없게 할 것이며,
이 모든 조항을 항상 명심 불망하여 영혼 거래에 큰 착이 없게 하라.
생사의 일이 큼이 되나니, 가히 삼가지 아니하지 못할지니라.]

『대종경』「천도품」3장

- **전혐前嫌** : 지난 날의 혐의.
- **돈망頓忘** : 갑자기 잊음. 까맣게 잊어버림.
- **임시불급臨時不及** : (준비가 없어서) 정해진 시간에 이르러 (일정 수준에) 미치지 못함.(필자 주)
- **명심불망銘心不忘** : 마음에 새겨 잊지 않다.(필자 주)

열반의 시기가 가까움을 깨닫거든 | 풀이 |

바로 앞 「천도품」2장이 열반이 가까운 병자를 보내는 친근자를 위한 법문이었다면
이 법문은 열반이 가까운 사람 '스스로' 유념해야 할 가르침입니다.

대종사 이어서 말씀하시기를
[열반이 가까운 병자로서는 스스로 열반의 시기가 가까움을 깨닫거든
만사를 다 방념하고 오직 정신 수습으로써 공부를 삼되
혹 부득이한 관계로 유언할 일이 있을 때에는 미리 처결하여
그 관념을 끊어서 정신 통일에 방해가 되지 않게 할지니,
그 때에는 정신 통일하는 외에 다른 긴요한 일이 없나니라.

소태산 대종사님의 마음공부는 죽는 순간까지도 계속되어야 합니다.
사람이 마음을 여읠 수 없으니 마음공부는 영원히 이어져야 합니다.
죽음을 앞둔 순간의 마음공부는 어느 순간의 마음공부보다 더 중요합니다.
평생의 마음공부를 결산하는 순간이라고 할 수 있습니다.
마음공부의 실력을 발휘해야 할 결정적 순간이라고 할 수 있습니다.

열반이 가까운 병자가 해야 할 급선무는 '정신 수습', '정신 통일' 입니다.
쉬운 말로 하자면 '정신을 차리는 일' 입니다.
'일심一心', '청정일념淸靜一念', '온전한 생각'을 챙기라는 말씀입니다.
삼학의 정신수양에 의하면
'마음이 두렷하고 고요하여 분별성과 주착심이 없는 경지'에 머물도록 하는 것입니다.

일생을 마감한다고 할 때 마음에 걸리는 일이 얼마나 많겠습니까.
대개의 사람들은 잊기 힘든 억울한 일이나 마음의 상처

또는 애착심·탐착심·원착심 있는 일들이 없을 수 없습니다.
대종사님은 이런 모든 일들을 뒤로 하고 '만사萬事를 다 방념放念'하라고 하십니다.
다 놓아버리고 잊어버리라는 말씀입니다.
그래야 '정신 수습'이 가능하다는 말씀입니다.
이들을 '방념放念'하지 않고 '집념執念'한다면 '정신 수습'은 불가능합니다.
이를 위해 '유언遺言'도 미리 하라고 당부하십니다.
'정신 통일하는 외에 다른 긴요한 일이 없나니라.'라는 말씀을 명심해야겠습니다.
이어지는 법문은 모두 '정신 수습'과 '정신精神 통일統一'을 위한 내용들입니다.

또는 스스로 생각하되 평소에 혹 누구에게 원망을 품었거나 원수를 맺은 일이 있거든 그 상대자를
청하여 될 수 있는 대로 전혐前嫌을 타파할 것이며,
혹 상대자가 없을 때에는 당인 혼자라도 그 원심을 놓아 버리는 데에 전력하라.
만일 마음 가운데 원진을 풀지 못하면 그것이 내생의 악한 인과의 종자가 되나니라.

죽음을 맞이하기 전에 해야 할 일들입니다.
원망을 해소하고 괜한 의심이나 꺼리는 마음(혐의嫌疑)도 청산하라는 말씀입니다.
상대방을 만나기 힘들다면 내 마음속으로라도 풀라고 하십니다.
마음의 짐을 덜라는 말씀이고 '참회문'에 의한다면 '이참理懺'을 하라는 가르침입니다.
'내생의 악한 인과의 종자'가 되지 않도록 악한 마음의 씨앗을 없애라는 말씀입니다.

또는 스스로 생각하되 평소부터 혹 어떠한 애욕 경계에 집착하여
그 착을 여의지 못한 경우가 있거든
오직 강연히라도 그 마음을 놓아 버리는 데에 전력하라.
만일, 착심을 여의지 못하면 자연히 참 열반을 얻지 못하며,
그 착된 바를 따라 영원히 악도 윤회의 원인이 되나니라.

요긴대, 애착심愛着心·탐착심貪着心·원착심怨着心을 놓으라는 말씀입니다.
'착심着心'을 가지고는 '참 열반'에 들 수 없습니다.

'착심著心'이 '영원히 악도 윤회의 원인'이 되기 때문입니다.
윤회의 수레바퀴를 내가 잡고 있기 때문에 나도 거기에 휘말리는 것입니다.
내가 잡고 있는 것을 놓는다면 윤회의 수레바퀴에 휘말릴 일도 없습니다.
'마음을 놓아 버리는 데에 전력하라'는 가르침의 이유입니다.
이 가르침을 실행하려면 평소부터 꾸준히 마음공부에 공을 들여야 합니다.
마음의 힘이 있어야 마음이 마음대로 되기 때문입니다.

병자가 이 모든 조항을 힘써 오다가 최후의 시간이 이른 때에는
더욱 청정한 정신으로 일체의 사념을 돈망하고
선정 혹은 염불에 의지하여 영혼이 떠나게 하라.

생을 마감하는 '최후의 시간'에 해야 할 공부를 알려주십니다.
선과 염불로 '청정한 정신'을 챙기라는 가르침입니다.
'일체의 사념思念을 돈망頓忘'할 순간입니다.
공부인의 마음공부 실력을 발휘할 순간입니다.

그러하면, 평소에 비록 생사 진리에 투철하지 못한 사람일지라도
능히 악도를 면하고 선도에 돌아오게 되리라.

누구나 이 가르침을 유념하고 실행하라는 당부의 말씀입니다.
'평소에 비록 생사 진리에 투철하지 못한 사람일지라도' 해야 할 공부입니다.
누구든지 구제하려는 자비로운 가르침입니다.

그러나, 이 법은 한갓 사람이 열반에 들 때에만 보고 행하라는 말이 아니라
평소부터 근본적 신심이 있고 단련이 있는 사람에게 더욱 최후사를 부탁함이요,

대종사님의 이런 가르침을 열반에 즈음해서만 실행하라는 것이 아니고
평소부터 신심에 바탕해서 단련(훈련)해야 하는 공부 내용인 것입니다.

평소에 그렇게 훈련하다가 최후 순간에는 더욱 챙겨서 실행하라는 뜻입니다.

만일 신심과 단련이 없는 사람에게는
비록 임시로 행하고자 하나 잘 되지 아니하리니,
그대들은 이 뜻을 미리 각오하여 임시 불급臨時不及의 한탄이 없게 할 것이며,
이 모든 조항을 항상 명심 불망하여 영혼 거래에 큰 착이 없게 하라.
생사의 일이 큼이 되나니, 가히 삼가지 아니하지 못할지니라.]

평소에 신심이 없다면 당연히 단련(훈련)도 없을 것입니다.
그래서는 열반의 순간에 마음을 제대로 챙길 수 없습니다.
열반의 순간에 실행하려고 해도 잘되지 않아 후회할 수 있음을 경계하십시오.
죽음을 당하기 전에 '미리 각오'해서 공부를 해야 합니다.
그래야 '영혼 거래'에 '큰 착'이 없어서 '생사를 자유'할 수 있습니다.
'생사대사生死大事'이니, 생사보다 더 큰 일은 세상에 없습니다.
큰 일을 그르치지 않으려면 미리 공부를 해야 할 것입니다.
'한탄이 없게 할 것', '명심불망銘心不忘' 등의 표현이
대종사님의 간절한 마음을 나타내고 있습니다.

나의 마음공부

- 나는 '평소에 혹 누구에게 원망을 품었거나 원수를 맺은 일'이 있나요?

- 나는 '평소부터 혹 어떠한 애욕 경계에 집착'하고 있지는 않나요?

- 나는 '청정한 정신으로 일체의 사념을 돈망'할 수 있는 마음의 힘이 있나요?

- 내가 '영혼 거래에 큰 착이 없게' 하려면 어떻게 해야 할까요?

- 나는 법문의 가르침에 대해 '평소부터 근본적 신심이 있고 단련이 있는 사람'인가요?

대종사 이 공주·성 성원에게
[영천영지영보장생永天永地永保長生
만세멸도상독로萬世滅度常獨露
거래각도무궁화去來覺道無窮花
보보일체대성경步步一切大聖經]을 외게 하시더니,
이가 천도를 위한 성주聖呪로 되니라.

『대종경』「천도품」4장

- 성주 聖呪 : 영주靈呪, 청정주淸淨呪와 함께 원불교에서 사용하는 대표적인 주문이다. 특히 성주는 열반인을 위한 천도재나 기도에서 사용하나 성주의 유래를 보면 선수행과 함께 수양의 방법으로 소태산대종사가 직접 지어 제자들이 독송하게 한 것이다.
성주聖呪는 '영천영지영보장생 만세멸도상독로 거래각도무궁화 보보일체대성경(永天永地永保長生 萬世滅度常獨露 去來覺道無窮花 步步一切大聖經)'이다. 풀이하면 성주란 성스러운 주문이라는 뜻이며 '영천영지영보장생'은 '영원한 하늘과 영원한 땅 곧 하늘과 땅이 영원하므로 그 속에 사는 모든 만물이 영원히 장생을 보존한다'는 의미이다. 곧 이 구절은 불생불멸不生不滅의 진리를 나타내며, 불생불멸의 진리가 있기 때문에 만물이 영원히 멸하지 않으며 우리도 영생을 얻게 되는 것이다.
'만세멸도상독로'는 만세에 멸도 되더라도 곧 소천소지燒天燒地 되더라도 항상 홀로 드러나 있다는 것이다. 소천소지가 되더라도 한 물건이 장령長靈해서 개천개지蓋天蓋地 곧 하늘도 덮고 땅도 덮는 그 진리 자리가 상독로라는 것이다. 수없는 생멸과 선악귀천을 거듭하더라도 영원히 물들지 않는 본연 자성의 참나(眞我 또는 佛性)를 말한다. 요컨대 부처에게 더하지도 않고 중생에게도 덜하지 않는 본원청정의 자성자리를 의미한다.
'거래각도무궁화'는 가고 오는 도를 깨고 보니 그것이 무궁한 꽃 즉 불생불멸하는 꽃이더라는 의미이다. 생사거래의 이치를 깨고 보면 불생불멸의 진리와 함께 생사와 인과가 끊임없이 반복하는 것이 마치 영원히 피고 지는 꽃과 같다는 의미이다. 생사거래와 인과여수가 영원히 반복되는 무궁한 꽃으로 보면 선악미추善惡美醜의 모든 차별심을 벗어나고 모든 이해利害에 해탈을 얻게 된다.
'보보일체대성경'은 걸음걸음 일체 즉 천지삼라만상天地森羅萬象이 대성경大聖經을 펼쳐 보이는 것과 같다는 것이다. 생사거래와 인과여수의 이치가 무궁한 꽃과 같음을 깨치고 보면 이 세상 만물의 모든 이치가 큰 성경聖經으로 보이게 된다. 이 경지에 도달하면 윤회의 사슬을 벗어나 육도六道를 자유자재하고 생사거래生死去來를 자유자재하게 된다. 성주는 열반인의 해탈 천도를 위해 많이 독송되지만 또한 누구든지 일심으로 독송하면 불생불멸의 진리를 깨쳐 영생永生을 얻고 생사윤회에 해탈을 얻음과 동시에 큰 위력을 얻게 되는 것이다. 그리고 보면 성주는 이름 그대로 성자聖者 또는 부처되게 하는 주문이다.(하상의)-『원불교대사전』

천도를 위한 성주聖呪 | 풀이 |

대종사 이 공주·성 성원에게
[영천영지영보장생永天永地永保長生
만세멸도상독로萬世滅度常獨露
거래각도무궁화去來覺道無窮花
보보일체대성경步步一切大聖經]을 외게 하시더니,
이가 천도를 위한 성주聖呪로 되니라.

이 주문은 현재 원불교 교단에서 천도재를 거행할 때 사용되고 있습니다.
천도 의식의 핵심을 이루는 중요한 주문입니다.
자주 외워지기에 원불교 교도들에게는 매우 친근한 주문입니다.
주문의 뜻을 굳이 다시 새겨야 할 필요는 없겠으나
천도의 의미와 관련해서 대략적인 의미를 필자 임의로 새겨봅니다.

영천영지영보장생永天永地永保長生

영원한 천지와 함께 참 생명을 길이 보전하소서

만세멸도상독로萬世滅度常獨露

오랜 세월 쌓은 업보를 소멸하여 언제나 오직 불성 그대로 드러나소서

거래각도무궁화去來覺道無窮花

생사거래의 진리를 깨달아 영원히 지지 않는 꽃을 피우소서

보보일체대성경 步步一切大聖經

가시는 걸음걸음 크고 성스러운 자취를 이루소서

한자를 낯설어하는 세대를 위해서 해석을 해보았습니다만
각자 나름대로 의미를 새겨보시기를 바랍니다.
주문 외우기의 공덕은 원문의 뜻을 새기는 데 있다기보다는
일심을 만드는 데 있습니다.

나의 마음공부

• 성주를 얼마나 자주 외우시나요?

• 성주를 외울 때 마음에 어떤 변화를 느끼나요?

• 성주의 대략적인 의미를 알고 있나요?

• 천도재 이외의 경우에도 성주를 외우곤 하나요?

5

대종사 천도를 위한 법문으로
"열반 전후에 후생 길 인도하는 법설"을 내리시니 이러하니라.
[아무야 정신을 차려 나의 말을 잘 들으라.
이 세상에서 네가 선악간 받은 바 그것이 지나간 세상에 지은 바 그것이요,
이 세상에서 지은 바 그것이 미래 세상에 또 다시 받게 될 바 그것이니,
이것이 곧 대자연의 천업이라,
부처와 조사는 자성의 본래를 각득하여 마음의 자유를 얻었으므로
이 천업을 돌파하고 육도와 사생을 자기 마음대로 수용하나,
범부와 중생은 자성의 본래와 마음의 자유를 얻지 못한 관계로
이 천업에 끌려 무량 고를 받게 되므로,
부처와 조사며 범부와 중생이며 귀천과 화복이며 명지장단命之長短을
다 네가 짓고 짓나니라.
아무야 일체 만사를 다 네가 짓는 줄로 이제 확연히 아느냐.

아무야 또 들으라. 생사의 이치는 부처님이나 네나 일체 중생이나 다 같은 것이며,
성품 자리도 또한 다 같은 본연 청정한 성품이며 원만구족한 성품이니라.
성품이라 하는 것은 허공에 달과 같이 참 달은 허공에 홀로 있건마는
그 그림자 달은 일천강에 비치는 것과 같이,
이 우주와 만물도 또한 그 근본은 본연 청정한 성품 자리로
한 이름도 없고, 한 형상도 없고, 가고 오는 것도 없고, 죽고 나는 것도 없고,
부처와 중생도 없고, 허무와 적멸도 없고, 없다 하는 말도 또한 없는 것이며,
유도 아니요 무도 아닌 그것이나,
그 중에서 그 있는 것이 무위이화無爲而化 자동적으로 생겨나,
우주는 성·주·괴·공으로 변화하고,

만물은 생·로·병·사를 따라 육도와 사생으로 변화하고,
일월은 왕래하여 주야를 변화시키는 것과 같이
너의 육신 나고 죽는 것도 또한 변화는 될지언정 생사는 아니니라.
아무야 듣고 듣느냐, 이제 이 성품자리를 확연히 깨달아 알았느냐.

또 들으라. 이제 네가 이 육신을 버리고 새 육신을 받을 때에는
너의 평소 짓던 바에 즐겨하여 애착이 많이 있는 데로 좇아 그 육신을 받게 되나니,
그 즐겨하는 바가 불보살 세계가 승勝하면
불보살 세계에서 그 육신을 받아 무량한 낙을 얻게 될 것이요,
또한 그 반대로 탐·진·치가 승하고 보면
그 곳에서 그 육신을 받아 무량겁無量劫을 통하여 놓고 무수한 고를 얻을 것이니라. 듣고 듣느냐.

아무야 또 들으라.
네가 이때를 당하여 더욱 마음을 견고히 하라.
만일 호리라도 애착 탐착을 여의지 못하고 보면 자연히 악도에 떨어져 가나니,
한 번 이 악도에 떨어져 가고 보면 어느 세월에 또다시 사람의 몸을 받아
성현의 회상을 찾아 대업大業을 성취하고 무량한 혜복을 얻으리요.
아무야 듣고 들었느냐.]

『대종경』「천도품」5장

• **천업 天業** : (1)본래 천자나 왕이 천하를 다스리는 것. (2)우주 대자연이 천지조화로 자동적으로 운행하는 것. 우주의 성주괴공, 만물과 인생의 생로병사, 또는 춘하추동 사시의 순환이나 주야의 변화 등을 천업이라고 한다. 정업定業은 부처님도 면할 수 없으나, 자성불을 깨쳐 마음의 자유를 얻으면 천업을 임의로 하게 될 수 있다고 본다(『정전』「참회문」). 범부 중생은 육도의 윤회와 십이 인연에 끌려다니지마는 부처님은 천업天業을 돌파하고 거래와 승강을 자유자재하신다고 말하고 있다(『대종경』「불지품」6장).

열반 전후에 후생 길 인도하는 법설 | 풀이 |

이 법문은 원문 거의 그대로 천도재에서 사용되고 있습니다.
천도의식의 가장 핵심적인 부분이라고 할 수 있습니다.
소태산 대종사님께서 '부처님의 법문'을 '열반인'에게 알려주는 형식의 법문입니다.
열반식, 입관식, 발인식 및 일곱 번의 천도재마다 이 법문을 독송합니다.
이 법문에 소태산 대종사님의 생사관, 윤회관 등 기본 사상이 응축되어 있습니다.

대종사 천도를 위한 법문으로
"열반 전후에 후생 길 인도하는 법설"을 내리시니 이러하니라.

'열반 전후에 후생 길 인도하는 법설'이라는 법문의 제목과 같이
이 법문은 열반을 앞둔 사람과 열반에 든 사람을 위한 법문입니다.
죽음에 직면한 공부인을 위한 특별한 법문인 동시에
이미 육신은 죽었으나 중음에 머무는 영혼을 위한 법문입니다.

[아무야 정신을 차려 나의 말을 잘 들으라.
이 세상에서 네가 선악간 받은 바 그것이 지나간 세상에 지은 바 그것이요,
이 세상에서 지은 바 그것이 미래 세상에 또 다시 받게 될 바 그것이니,
이것이 곧 대자연의 천업이라,

선인선과 악인악과의 인과보응의 이치를 '대자연의 천업'이라고 단언합니다.
소태산 대종사님은 인과의 이치를 천도 법문의 전제로 삼으십니다.
내가 지어서 내가 받는 것이니 원망할 것도 없고 절망할 것도 없는 셈입니다.
과거에 지은 대로 현재에 받는 것이고 현재에 짓는 대로 미래에 받는 것입니다.

부처와 조사는 자성의 본래를 각득하여 마음의 자유를 얻었으므로
이 천업을 돌파하고 육도와 사생을 자기 마음대로 수용하나,
범부와 중생은 자성의 본래와 마음의 자유를 얻지 못한 관계로
이 천업에 끌려 무량 고를 받게 되므로,
부처와 조사며 범부와 중생이며 귀천과 화복이며 명지장단命之長短을
다 네가 짓고 짓나니라.
아무야 일체 만사를 다 네가 짓는 줄로 이제 확연히 아느냐.

어쩔 수 없이 받을 수밖에 없는 '천업'을 '돌파'하려면 마음의 자유를 얻어야 합니다.
업을 받아들이는 '마음'에 해답이 있는 셈입니다.
부처님들이 마음공부로 마음의 자유를 얻어야 한다고 강조하는 이유입니다.

지은 대로 받는 인과의 이치는 누구도 벗어날 수 없습니다.
귀천과 화복, 명의 길고 짧음 역시 지은 대로 받는 것일 뿐입니다.
하지만 부처와 조사는 마음의 자유, 마음의 힘을 얻어서
천업을 자유로 할 수 있다고 하십니다.
범부와 중생이 '천업에 끌려 무량 고를 받게 되'는 원인이 바로
'자성의 본래와 마음의 자유를 얻지 못한 관계'임을 자각해서
마음의 자유를 얻는 마음공부에 공을 들여야 합니다.
정업定業은 난면難免이나 정업을 경輕하게 하는 방법에 대해서는
「인과품」8장, 9장 등에서 잘 설명된 바 있습니다.

모든 것을 내가 짓고 받는다는 인과의 이치를 받아들일 때
누군가를 원망하거나 남의 탓을 하는 그릇된 태도에서 벗어날 수 있습니다.
인과의 이치를 깨닫고 믿는 것이 천도의 핵심임을 강조하는 내용입니다.

아무야 또 들으라. 생사의 이치는 부처님이나 네나 일체 중생이나 다 같은 것이며,
성품 자리도 또한 다 같은 본연 청정한 성품이며 원만구족한 성품이니라.

인과의 이치가 누구에게나 평등하게 적용되고,
생사의 이치도 부처나 중생이나 평등하게 적용되는 것임을 알려주십니다.
성품 지리도 부치나 중생이니 다 같은 것이라고 설하십니다.
'제불·조사·범부·중생의 성품' - 「일원상 서원문」 이라고 한 바와 같습니다.
누구나 마음공부로 성품을 깨달으면 마음의 자유를 얻을 수 있음을 알려주십니다.
이 사실을 깨닫거나 받아들여야 천도가 가능합니다.

'천도'도 결국은 열반인의 마음의 변화가 핵심이고
마음의 변화를 추동하려면 마음의 본체인 성품을 깨달아야 하니,
대종사님께서 성품에 대한 가르침부터 설하시는 것입니다.
성품을 알아야 마음을 알고, 마음을 알아야 마음의 자유를 얻을 수 있기 때문입니다.

성품이라 하는 것은 허공에 달과 같이 참 달은 허공에 홀로 있건마는
그 그림자 달은 일천강에 비치는 것과 같이,
이 우주와 만물도 또한 그 근본은 본연 청정한 성품 자리로
한 이름도 없고, 한 형상도 없고, 가고 오는 것도 없고, 죽고 나는 것도 없고,
부처와 중생도 없고, 허무와 적멸도 없고, 없다 하는 말도 또한 없는 것이며,
유도 아니요 무도 아닌 그것이나,
그 중에서 그 있는 것이 무위이화無爲而化 자동적으로 생겨나,
우주는 성·주·괴·공으로 변화하고,
만물은 생·로·병·사를 따라 육도와 사생으로 변화하고,
일월은 왕래하여 주야를 변화시키는 것과 같이
너의 육신 나고 죽는 것도 또한 변화는 될지언정 생사는 아니니라.
아무야 듣고 듣느냐, 이제 이 성품자리를 확연히 깨달아 알았느냐.

대종사님은 생사에 대한 이해와 깨달음을 촉진하기 위해
성품에 대한 이해와 깨달음을 촉구하십니다.
생사의 이치가 결국 성품의 이치에서 비롯되기 때문입니다.

'생'과 '사'가 따로 존재하는 것이 아니라 '변화'의 한 양상임을 강조하십니다.
소태산 대종사님은 성품에 대해서 다양한 비유를 동원해서 설명하십니다.

성품에 대한 설명은 교전 곳곳에서 여러 가지로 설해지고 있으나
「일원상 서원문」의 '일원은 언어도단言語道斷의 입정처入定處이요, 유무 초월의 생사문生死門인 바, 천지·부모·동포·법률의 본원이요, 제불·조사·범부·중생의 성품으로 능이성 유상能以成有常하고 능이성 무상無常하여 유상으로 보면 상주 불멸로 여여 자연如如自然하여 무량 세계를 전개하였고, 무상으로 보면 우주의 성·주·괴·공成住壞空과 만물의 생·로·병·사生老病死와 사생四生의 심신 작용을 따라 육도六途로 변화를 시켜 혹은 진급으로 혹은 강급으로 혹은 은생어해恩生於害로 혹은 해생어은害生於恩으로 이와 같이 무량 세계를 전개하였나니(하략)'라는 대목이 참고하기 좋은 내용입니다. 성품에 관한 자세한 이해는 『대종경』「성리품」 내용을 참고하면 큰 도움이 될 것입니다.

또 들으라. 이제 네가 이 육신을 버리고 새 육신을 받을 때에는
너의 평소 짓던 바에 즐겨하여 애착이 많이 있는 데로 좇아 그 육신을 받게 되나니,
그 즐겨하는 바가 불보살 세계가 승勝하면
불보살 세계에서 그 육신을 받아 무량한 낙을 얻게 될 것이요,
또한 그 반대로 탐·진·치가 승하고 보면
그 곳에서 그 육신을 받아 무량겁無量劫을 통하여 놓고 무수한 고를 얻을 것이니라. 듣고 듣느냐.

영혼은 중음계에서 49일 정도의 기간 동안 머물다 새 육신을 받아 다시 태어나는데
그 이치와 경로는 어떤 것일까요?
'평소 짓던 바에 즐겨하여 애착이 많은 데로 좇아' 새로운 육신을 받게 된다고
알려주십니다.
쉽게 말하자면 죽음 이후의 영혼도 죽기 전 평소에
마음이 자주 가던 데로 간다는 것입니다.
마치 술을 너무 좋아하는 사람이 술집을 그냥 지나치지 못하고
술집으로 향하는 것과 같다고 할 수 있습니다.

평소, 살아생전에 '불보살 세계'를 더 선호했다면 거기에서 새 육신을 받고,
'탐·진·치'의 세계에 치우쳤다면 거기에서 새 육신을 받게 된다는 말씀입니다.
그렇게 육신을 받는 데 따라서 '무량한 낙'을 받거나,
'무수한 고'를 받게 된다고 알려주십니다.

대종사님의 법문이 모두 인과의 이치에 바탕했듯이 이 법문도 그렇습니다.
살아생전, 평소의 마음과 행동이 '원인'이 되어
죽음 이후에 새 육신을 받는 '결과'를 좌우하게 되고,
그 '결과'가 다시 '무량한 낙'이나 '무수한 고'를 받게 되는 '원인'이 되는 것입니다.
평소에 한 마음, 한 마음을 어떻게 가지고, 어떻게 써야 하는지,
행동 하나하나를 어떻게 해야 할지를 다시 생각하게 하는 법문입니다.
특정한 신이나 절대적 존재가 사후의 운명을 좌우하는 것이 아니라
평소의 심신작용 하나하나가 사후의 운명을 좌우한다는 것을 깨우쳐주는 법문입니다.
따라서 평소에 마음가짐과 마음 씀씀이를 잘하기 위해서
언제 어디서나 마음공부에 공을 들여야 합니다.

"사람의 영식이 이 육신을 떠날 때에 처음에는 그 착심을 좇아 가게 되고, 후에는 그 업을 따라 받게 되어 한없는 세상에 길이 윤회하나니, 윤회를 자유하는 방법은 오직 착심을 여의고 업을 초월하는 데에 있나니라." - 『대종경』 「천도품」 5장 라는 법문과 같은 말씀입니다.
생사와 관계없이 인과의 이치는 일관되는 것이고,
생사와 관계없이 일관되게 마음공부는 늘 필요하고 중요합니다.

아무야 또 들으라.
네가 이때를 당하여 더욱 마음을 견고히 하라.
만일 호리라도 애착 탐착을 여의지 못하고 보면 자연히 악도에 떨어져 가나니,
한 번 이 악도에 떨어져 가고 보면 어느 세월에 또다시 사람의 몸을 받아
성현의 회상을 찾아 대업大業을 성취하고 무량한 혜복을 얻으료.
아무야 듣고 들었느냐.]

애착과 탐착 그리고 원착 등 착심은 마음의 자유를 빼앗아갑니다.
이 착심들은 마음을 그릇된 길로 끌고갑니다.
착심들이 끌고간 곳은 악도이고 고통의 구렁텅이입니다.
소태산 대종사님은 누군가 이 악도에 떨어져 강급을 하게 되면
다시 진급하기가 매우 어렵다고 안타까워하시면서 크게 경고하십니다.

'사람의 몸'을 받아 태어나는 것이 어렵고,
성현의 회상을 만나서 성현의 가르침을 배우는 기회가 희유한 것이고,
바른 공부길을 찾아 부처를 이뤄 무량한 혜복을 얻는 것이 매우 소중한 일임을
유념하라고 당부하십니다.
'이때를 당하여 더욱 마음을 견고히 하라'고
생사의 경계에서 반드시 마음을 챙기라고 당부하십니다.

대종사님의 천도법문은 열반인을 위한 가르침이라고 해서 특별하지 않습니다.
사람으로서 늘 해야 할 마음공부를 놓지 말라는 가르침이고,
생사의 경계에서 더욱 마음을 챙기라는 가르침입니다.
'일상 수행日常修行', '무시선無時禪 무처선無處禪'의 관점을
생사의 경계를 넘어 일관되게 유지하십니다.

나의 마음공부

- '부처와 조사', '범부와 중생'에게 생사의 이치는 어떻게 적용되나요?

- '일체 만사를 다' 내가 짓고 받는다는 것을 의심하지 않나요?

- 나는 '마음의 자유'를 얼마나 얻었나요?

- 나는 평소 '그 즐겨하는 바가 불보살 세계가 승勝'한가요? '그 반대로 탐·진·치가 승'한가요?

- 나는 다음 생에 어떤 육신을 받아 어떤 세상에서 살게 될지 알 수 있나요?

- 나는 '또다시 사람의 몸을 받아 성현의 회상을 찾아 대업大業을 성취하고 무량한 혜복을 얻'을 자신이 있나요?

- '열반 전후에 후생길 인도하는 법설'을 자주 읽으며 공부하나요?

대종사 서울 박람회에서 화재 보험 회사의 선전 시설을 보시고
한 감상을 얻었다 하시며, 말씀하시기를
[우리가 항상 말하기를 생사 고락에 해탈을 하자고 하지마는
생사의 원리를 알지 못하면 해탈이 잘 되지 않을 것이니,
만일 사람이 한 번 죽으면 다시 회복되는 이치가 없다고 생각할진대
죽음의 경우를 당하여 그 섭섭함과 슬픔이 얼마나 더하리요.
이것은 마치 화재 보험에 들지 못한 사람이 졸지에 화재를 당하여
모든 재산을 일시에 다 소실한 것과 같다 하리라.

그러나, 그 원리를 아는 사람은 이 육신이 한 번 나고 죽는 것은
옷 한 벌 갈아입는 것에 조금도 다름이 없을 것이니,
변함에 따르는 육신은 이제 죽어진다 하여도
변함이 없는 소소昭昭한 영식靈識은 영원히 사라지지 아니하고,
또다시 다른 육신을 받게 되므로
그 일 점의 영식은 곧 저 화재 보험 증서 한 장이
다시 새 건물을 이뤄내는 능력이 있는 것 같이
또한 사람의 영생을 보증하고 있나니라.

그러므로, 이 이치를 아는 사람은 생사에 편안할 것이요,
모르는 사람은 초조 경동할 것이며,
또는 모든 고락에 있어서도 그 원리를 아는 사람은
정당한 고락으로 무궁한 낙을 준비할 것이나,
그렇지 못한 사람은
그러한 희망이 없고 준비가 없는지라 아득한 고해에서 벗어날 기약이 없나니,
생각이 있는 이로 이런 일을 볼 때에 어찌 걱정스럽지 아니하며
가련하지 아니하리요.]

『대종경』「천도품」6장

- **영식 靈識** : ⑴신령스러운 의식. 신령스럽게 아는 마음 작용. 지식을 배워서 아는 것과는 달리 사람의 근본 성품은 본래 신령스럽게 아는 마음 작용이 있는데 이를 영식이라고 한다. 식은 좁은 의미로는 유정물에게만 있으나, 넓은 의미로는 유정·무정이 다 갖고 있다. 유정물의 경우는 "태아胎兒가 모태 가운데 있을 때는 그 영식이 어리는 때"(『대종경』「인도품」44장)이므로 부모가 몸과 마음가짐을 삼가야 한다. ⑵ 영혼의 의식작용. 사람이 죽어도 "소소昭昭한 영식은 영원히 사라지지 아니하고, 또다시 다른 육신을 받게 된다"(『대종경』「천도품」6장)라고 했다. 그러므로 영식이 바른길을 찾아가도록 천도를 하는 것이다.
- **소소 昭昭–소소영령(영영) 昭昭靈靈** : 소소昭昭는 사리가 밝고 뚜렷한 모양을 말한다. 소소영령하다는 것은 마음이 깨어 있어 밝고 신령스러운 것을 묘사하는 용어이다. 『정전』「염불법」에서는 "우리의 마음은 원래 생멸이 없으므로 무량수無量壽라 할 것이지만, 그 가운데에도 또한 소소영령하여 매매하지 아니한 바가 있으니 곧 각覺이라"고 했다. 우리의 본성이 원래 밝아서 어두워지지 않는 참된 지혜가 갖추어져 있어 본래 부처인 것을 말하고 있다.

영생을 보증 | 풀이 |

대종사 서울 박람회에서 화재 보험 회사의 선전 시설을 보시고
한 감상을 얻었다 하시며, 말씀하시기를

화재 보험이 생소했던 시절에 화재 보험과 생사의 이치를 연결해 생각하신
소태산 대종사님의 법문입니다.

[우리가 항상 말하기를 생사 고락에 해탈을 하자고 하지마는
생사의 원리를 알지 못하면 해탈이 잘 되지 않을 것이니,
만일 사람이 한 번 죽으면 다시 회복되는 이치가 없다고 생각할진대
죽음의 경우를 당하여 그 섭섭함과 슬픔이 얼마나 더하리요.

'생生'은 '생生'이고, '사死'는 '사死'여서 둘 사이에 간격이 커서
생사가 큰 경계가 된다면 해탈이 어렵습니다.
생과 사를 자연스럽게 여기고 자유롭게 거래하기 힘듭니다.
'죽으면 다시 회복되는 이치가 없다고 생각'하면
누구나 '죽음'이란 경계 앞에서 편안할 수 없고, '섭섭함과 슬픔'에 빠지게 됩니다.

이것은 마치 화재 보험에 들지 못한 사람이 졸지에 화재를 당하여
모든 재산을 일시에 다 소실한 것과 같다 하리라.

'화재 보험'과 같은 보장 장치 없이 '졸지에 화재를 당'한 사람이 느끼는
허망함과 당혹감을 짐작하는 것은 어렵지 않습니다.
대종사님은 이런 상황을 죽음과 연결시켜 설명하십니다.
삶이라는 '유有'가 졸지에 '소실燒失'되어 죽음이라는 '무無'로 되어버리는 상황을

생각해보라는 말씀입니다.

그러나, 그 원리를 아는 사람은 이 육신이 한 번 나고 죽는 것은
옷 한 벌 갈아입는 것에 조금도 다름이 없을 것이니,

대종사님은 사람의 생사를 매우 중요한 일로 여기면서도 오히려
'옷 한 벌 갈아입는 것'처럼 일상적인 일로 비유하십니다.
물론, 생사의 '원리를 아는 사람'이어야 그렇다고 단서를 달긴 합니다.
'육신 나고 죽는 것도 또한 변화는 될지언정 생사는 아니' - 『대종경』 「천도품」 5장
라고 하신 것과 같고,
「일원상 법어」에서 '생노병사의 이치가 춘하추동과 같이 되는 줄을 알며'라고,
「일원상의 진리」에서 '생멸 거래에 변함이 없는 자리'라고 설한 바와 상통합니다.

변함에 따르는 육신은 이제 죽어진다 하여도
변함이 없는 소소昭昭한 영식靈識은 영원히 사라지지 아니하고,
또다시 다른 육신을 받게 되므로
그 일 점의 영식은 곧 저 화재 보험 증서 한 장이
다시 새 건물을 이뤄내는 능력이 있는 것 같이
또한 사람의 영생을 보증하고 있나니라.

대종사님은 육신의 죽음에도 변함없이
'영원히 사라지지 아니하'는 '소소昭昭한 영식靈識'을 말씀하십니다.
직역하자면 '밝디밝은 신령스러운 알음알이'라고 할 수 있는데,
이 영식을 화재 이후에도 새 건물을 보증하는 화재 보험 증서에 비유해서
'사람의 영생을 보증'하는 주체로 보십니다.

육신의 죽음에도 변함없는 '소소한 영식'의 실체를 어떻게 규정해야 할지는
쉬운 일이 아닙니다. 이같은 표현이 다른 곳에서는 등장하지 않기 때문입니다.

교리적으로 보자면 '열반 전후에 후생길 인도하는 법설'에서 '본연 청정한 성품 자리'를
'유도 아니요 무도 아닌 그것이나, 그 중에서 그 있는 것이 무위이화無爲而化 자동적으로
생거나' 는 것으로 설명한 것이나,
'성품이라 하는 것은 허공에 달과 같이 참 달은 허공에 홀로 있건마는 그 그림자 달은
일천 강에 비치는 것과 같이'라고 비유한 대목,
「일원상의 진리」의 '공적영지空寂靈知의 광명光明'과 같은 표현,
「정신수양」의 '정신이라 함은 마음이 두렷하고 고요하여 분별성과 주착심이 없는 경지
를 이름이요'라고 한 대목이 참고가 되겠습니다.

특히, 『정산종사법어』「원리편」12장의
"정정요론定靜要論을 설하실 때에 성품과 정신과 마음과 뜻을 분석하여 말씀하시기를 [성
품은 본연의 체요, 성품에서 정신이 나타나나니, 정신은 성품과 대동하나 영령한 감이
있는 것이며, 정신에서 분별이 나타날 때가 마음이요, 마음에서 뜻이 나타나나니, 뜻은
곧 마음이 동하여 가는 곳이니라.] 학인이 묻기를 [영혼이란 무엇이오니까.] 답하시기를
[영혼이란 허령불매한 각자의 정신 바탕이니라.]"라는 내용은 좋은 참고 법문입니다.
'영령한 감' 이 있는 '정신'과 '허령불매한 각자의 정신 바탕'이라고 하신 '영혼'이 '소소한
영식'과 가장 가까운 개념이라고 할 수 있습니다.

그러므로, 이 이치를 아는 사람은 생사에 편안할 것이요,
모르는 사람은 초조 경동할 것이며,

육신의 죽음을 삶의 끝이라고 생각하는 사람의 삶은 늘 초조하고 불안할 것입니다.
소위 '내일'이 없는 인생이 될 것입니다.
내생으로 이월되는 인과의 이치를 부정하게 되니 선업을 쌓을 이유도 없습니다.
다음 생까지 고려하는 신중한 삶이 아니라 하루살이 같은 경박한 삶이 될 것입니다.
이와 반대로 '생사의 이치'를 아는 사람은 생과 사가 하나로 연결되어
변화를 거듭한다고 보기 때문에 생사에 해탈하여 편안한 삶이 가능할 것입니다.
생과 사가 완전히 격절隔絶되어서 죽음으로 인해 완전한 '무無'로 되거나,

절대 미지의 세계로 간다고 생각한다면 그 불안함을 극복하기는 매우 어렵습니다.
하지만 인과의 이치에 따라 생사가 하나의 변화이고
'소소한 영식'이 씨앗이 되어 누구나 새로운 삶을 영원히 거듭하게 된다면
누구나 예측 가능한 삶을 성실히 살아갈 수 있을 것입니다.
일관된 인과의 이치는 생사의 경계도 넘어 우리에게 일관된 삶을 가능하게 합니다.

또는 모든 고락에 있어서도 그 원리를 아는 사람은
정당한 고락으로 무궁한 낙을 준비할 것이나,
그렇지 못한 사람은
그러한 희망이 없고 준비가 없는지라 아득한 고해에서 벗어날 기약이 없나니,
생각이 있는 이로 이런 일을 볼 때에 어찌 걱정스럽지 아니하며
가련하지 아니하리요.]

생사生死의 이치도 인과의 이치에서 벗어나지 않을뿐더러
고락苦樂의 이치도 인과의 이치를 벗어나지 않습니다.
인과因果의 이치를 깨달은 사람은 '정당한 고락으로 무궁한 낙을 준비'합니다.
인과의 이치를 모르고 당장의 쾌락을 좇는 삶과 근본적으로 다른 삶을 살게 됩니다.
인과의 이치를 모르는 사람은 '희망이 없고', '준비가 없는' 삶을 살게 됩니다.
그러니 '아득한 고해에서 벗어날 기약이 없'습니다.
대종사님과 같은 부처님들이 이들을 '걱정'하지 않을 수 없어서
이와 같은 법문으로 인생길과 공부길을 알려주십니다.

나의 마음공부

• 내 삶에서 '화재 보험 증서'는 무엇인가요?

• 나는 얼마나 '생사에 편안할' 수 있나요?

• 육신의 죽음에도 변함이 없는 나의 '소소^{昭昭}한 영식^{靈識}'을 잘 알고 있나요?

• 나는 '정당한 고락으로 무궁한 낙을 준비'하고 있나요?

대종사 말씀하시기를
[사람이 행할 바 도가 많이 있으나 그것을 요약하면
생과 사의 도(道)에 벗어나지 아니하나니,
살 때에 생의 도를 알지 못하면 능히 생의 가치를 발하지 못할 것이요,
죽을 때에 사의 도를 알지 못하면 능히 악도를 면하기 어렵나니라.]

『대종경』「천도품」 7장

생과 사의 도道 | 풀이 |

대종사 말씀하시기를
[사람이 행할 바 도가 많이 있으나 그것을 요약하면
생과 사의 도道에 벗어나지 아니하나니,

소태산 대종사님은 도에 대해서 많은 법문을 하셨습니다.
"무릇, 도道라 하는 것은 쉽게 말하자면 곧 길을 이름이요, 길이라 함은 무엇이든지 떳떳이 행하는 것을 이름이니, 그러므로 하늘이 행하는 것을 천도天道라 하고, 땅이 행하는 것을 지도地道라 하고, 사람이 행하는 것을 인도人道라 하는 것이며, 인도 가운데에도 또한 육신이 행하는 길과 정신이 행하는 길 두 가지가 있으니, 이 도의 이치가 근본은 비록 하나이나 그 조목은 심히 많아서 가히 수로써 헤아리지 못하나니라. 그러므로, 이 여러 가지 도 가운데에 우선 인도 하나만 들어 말하여도, 저 육신이 행하는 도로의 선線이 어느 지방을 막론하고 큰 길 작은 길이 서로 연락하여 산과 물과 들과 마을에 천만 갈래로 뻗어나간 수가 한이 없는 것같이, 정신이 행하는 법의 길도 어느 세상을 막론하고 큰 도와 작은 도가 서로 병진하여 개인·가정·사회·국가에 경계를 따라 나타나서 그 수가 실로 한이 없나니라." - 『대종경』「천도품」7장

도의 이름은 각각 다를지라도 이 각각의 도는 근본적으로 하나의 도로 통합니다.
대종사님이 대각大覺을 이루시고 "만유가 한 체성이며 만법이 한 근원이로다. 이 가운데 생멸 없는 도道와 인과 보응되는 이치가 서로 바탕하여 한 두렷한 기틀을 지었도다."라고 밝히신 바와 같이 '생멸 없는 도와 인과 보응되는 이치'가 그것입니다.
본 법문의 '생과 사의 도道' 역시 이 큰 도道와 하나입니다.

큰 도를 깨닫지 못한 사람들은 각각의 도가 하나로 통하는 줄을 모르지만
큰 도를 깨달은 부처님들은 각각의 도, 여러 길들이 하나로 통함을 잘 압니다.

살 때에 생의 도를 알지 못하면 능히 생의 가치를 발하지 못할 것이요,
죽을 때에 사의 도를 알지 못하면 능히 악도를 면하기 어렵나니라.]

'생의 도'와 '사의 도' 역시 둘이 아닙니다.
이 길은 하나로 연결되어 있으되 육신의 죽음을 경계 삼아 달리 칭할 뿐입니다.
'살 때'는 '생의 도'를 행하고, '죽을 때'는 '사의 도'를 다할 뿐입니다.
바른 공부길을 찾아 공부를 제대로 해야 인생길이 잘 보입니다.
소태산 대종사님의 모든 가르침이 이 '공부길'이고 '인생길' 입니다.
길의 이름은 달라도 모두 하나의 길입니다.

나의 마음공부

• 내가 유념하는 '생의 도'는 무엇인가요?

• 내가 유념하는 '사의 도'는 무엇인가요?

• 내가 가는 길, 내가 행하는 도의 목적지는 어디인가요?

• 나는 '사의 도'를 행해서 '악도惡道'를 면할 수 있을까요?

대종사 말씀하시기를
[사람의 생사는 비하건대 눈을 떳다 감았다 하는 것과도 같고,
숨을 들이쉬었다 내쉬었다 하는 것과도 같고,
잠이 들었다 깼다 하는 것과도 같나니,
그 조만의 차이는 있을지언정 이치는 같은 바로서
생사가 원래 둘이 아니요 생멸이 원래 없는지라,
깨친 사람은 이를 변화로 알고 깨치지 못한 사람은 이를 생사라 하나니라.]

『대종경』「천도품」 8장

눈을 떴다 감았다 | 풀이 |

대종사 말씀하시기를
[사람의 생사는 비하건대 눈을 떴다 감았다 하는 것과도 같고,
숨을 들이쉬었다 내쉬었다 하는 것과도 같고,
잠이 들었다 깼다 하는 것과도 같나니,

우리가 살아가면서 눈을 뜨고 감는 것을 크게 의식하지는 않습니다.
자신도 모르게 자연스럽게 뜨고 감습니다.
숨쉬기도 마찬가지입니다.
나도 모르게 자연스럽게 들이쉬고 내쉬기를 반복합니다.
잠들고 깨는 것도 같습니다.
자연히 잠들고 자연히 깨어납니다.
소태산 대종사님은 생과 사를 이렇게 쉽게 비유해서 설명하십니다.
생사의 이치는 이렇듯 자연의 이치요 음양의 이치입니다.

그 조만의 차이는 있을지언정 이치는 같은 바로서
생사가 원래 둘이 아니요 생멸이 원래 없는지라,
깨친 사람은 이를 변화로 알고 깨치지 못한 사람은 이를 생사라 하나니라.]

일찍 잠들고 늦게 깨어나는 것과 같이
생사에도 이르고 늦음의 차이는 있을지언정
그 근본 '이치'는 같다고 하십니다.
'생生'이 있기에 '사死'가 있고, '사'가 있으니 '생'이 있습니다.
'생生'이 있으니 '멸滅'이 있고, '멸'이 있으니 '생'도 있습니다.
겨울에 봄을 의심치 않고, 낙엽을 보면서 새싹을 기약하듯이

생과 사, 생과 멸이 둘이 아닙니다.
대종사님은 생과 사를 둘로 보는 사람은 깨치지 못한 사람이라고 하십니다.
진리를 깨달은 사람은 '생사'를 '변화'로 안다고 설하십니다.
이른바 '생사 해탈'의 경지를 쉽게 표현해주십니다.

'생로병사의 이치가 춘하추동과 같이 되는 줄을 알며,
인과보응의 이치가 음양상승과 같이 되는 줄을 알며' - 「정전」「일원상 법어」
라는 법문도 이 법문과 같이 궁구할 좋은 공부거리입니다.

나의 마음공부

- 나는 죽음에 대한 두려움이 얼마나 있나요?

- 나는 죽음을 단지 '변화'로 받아들일 수 있나요?

- 숨 쉬고, 잠자는 것과 같이 생사를 자연스럽게 받아들일 수 있나요?

- 생사 해탈을 하기 위해서 어떤 공부에 공을 들이고 있나요?

대종사 말씀하시기를
[저 해가 오늘 비록 서천에 진다 할지라도
내일 다시 동천에 솟아오르는 것과 같이,
만물이 이생에 비록 죽어 간다 할지라도
죽을 때에 떠나는 그 영식이
다시 이 세상에 새 몸을 받아 나타나게 되나니라.]

『대종경』「천도품」 9장

다시 이 세상에 새 몸을 받아 | 풀이 |

대종사 말씀하시기를
[저 해가 오늘 비록 서천에 진다 할지라도
내일 다시 동천에 솟아오르는 것과 같이,

소태산 대종사님은 생사의 이치를 설명하면서 자주 비유를 하십니다.
바로 앞의 법문에서는 눈을 떴다 감았다 하는 것,
숨을 들이쉬고 내쉬는 것, 잠자고 깨는 것에 비유해서 생사를 설명하시고,
여기서는 지는 해와 뜨는 해로 비유를 하십니다.

왜 이렇게 비유를 하시는 걸까요?
'죽음'이라는 것을 살아 있는 사람에게 설명해야 하는 어려움 때문일 것입니다.
육근을 통한 감각적 경험으로 죽음을 구체적으로 설명하기가 어렵기 때문입니다.
범부 중생들에게는 생사의 경계를 넘어서는 깨달음이 어렵기 때문입니다.
하지만 인과의 이치에 의하면 생사의 이치도 인과의 이치에 속하는 것이고
자연 현상도 모두 인과의 이치를 벗어나지 못하니
생사의 이치를 여타의 자연 현상을 빗대어 설명하는 것이 당연할 수 있습니다.

모든 존재들이 성주괴공의 변화를 겪는데 어찌 사람만 예외일 수 있겠습니까.
우주 만유 가운데 '생멸없는 도와 인과보응되는 이치'의 예외는 없습니다.
그러니 인간의 생사를 이해시키기 위해 날마다 뜨고 지는 해를 예로 드는 것은
지극히 당연한 법문입니다.

눈을 뜨고 감으면서,
숨을 들이쉬고 내쉬면서,

잠에 들고 깨어나면서,
해가 지고 다시 떠오르는 것을 늘상 보면서도
사람의 생과 사만 따로 떼어서 생각한다는 것이 오히려 이상한 일입니다.

물론 이런 현상들을 자연스럽게 받아들인다고 해서
인간의 생사도 자연스럽게 받아들이기는 어려울 수 있습니다.
생사에 관한 공부와 깨달음이 밑받침되어야 가능한 일입니다.

만물이 이생에 비록 죽어 간다 할지라도
죽을 때에 떠나는 그 영식이
다시 이 세상에 새 몸을 받아 나타나게 되나니라.]

무아를 주장하면서 과연 윤회의 주체를 인정할 수 있느냐의 문제는
불교의 오래된 논쟁거리입니다만,
대종사님께서는 '영식靈識'이 '다시 이 세상에 새 몸을 받아 나타나게 되나니라.'라고
확언하십니다.
사람만이 아니라 생명 있는 '만물' 모두의 영식을 말씀하십니다.
수많은 생명체들이 죽고 나는 과정을 무한히 반복하는데
그 주인공 역할을 하는 것을 '영식'이라고 이름하신 것입니다.
생명체들의 반복적 생을 매개하는 '그 무엇'에 대해 궁구해야겠습니다.

여기서는 '영식'이라고 했지만
「천도품」 6장에선 '소소昭昭한 영식靈識'이라고 하셨습니다.
사람의 영식이기 때문에 '소소한'이란 수식어를 붙이신 것 같습니다.

나의 마음공부

• 오늘 지는 해가 내일 아침에 다시 뜨는 사실을 쉽게 이해하고 믿는 것처럼 내가 다시 태어난다는 것도 쉽게 이해하고 믿을 수 있나요?

• 과거 생의 나와 현생의 나는 어떻게 같다고 할 수 있나요?

• '영식'의 실체는 무엇일까요?

• 사람들이 '죽을 때에 떠나는 그 영식이 다시 이 세상에 새 몸을 받아 나타나게 되'는 것을 믿는다면 사람들의 삶의 태도가 어떻게 바뀔까요?

10

대종사 말씀하시기를
[세상 말이
살아 있는 세상을 이승이라 하고 죽어 가는 세상을 저승이라 하여
이승과 저승을 다른 세계같이 생각하고 있으나,
다만 그 몸과 위치를 바꿀 따름이요 다른 세상이 따로 있는 것이 아니니라.]

『대종경』「천도품」 10장

이승과 저승 | 풀이 |

대종사 말씀하시기를
[세상 말이
살아 있는 세상을 이승이라 하고 죽어 가는 세상을 저승이라 하여
이승과 저승을 다른 세계같이 생각하고 있으나,

이렇게 이승과 저승을 달리 생각하는 것이 범부와 중생들의 생각입니다.
그래서 알 수 없는 저승길에 대해 공포심을 가지기 쉽고
그 공포심을 없애려고 맹목적인 신앙에 빠지기도 합니다.

다만 그 몸과 위치를 바꿀 따름이요 다른 세상이 따로 있는 것이 아니니라.]

하지만 생사의 이치를 깨달은 부처님들은 다릅니다.
이승과 저승이 다르지 않다고 보는 것이죠.
다른 세상이 아니라 같은 세상인데
같은 사람이 같은 세상에 '몸과 위치를 바꿔' 다시 태어나게 되니
같은 세상을 다른 세상으로 여기게 된다는 가르침입니다.
같은 세상을 다른 삶으로 살아가게 된다는 것입니다.
이승과 저승은 따로 있는 세상이 아니라는 말씀입니다.

이 세상에서 살다가 죽음을 맞이하면 전혀 다른 세상으로 간다는 관점들과 달리,
죽음 이후에도 같은 세상에 태어난다는 대종사님의 생사관은
현생의 삶에도 상당한 차이점을 생기게 합니다.

현생의 삶을 부정적으로 보고 내생의 삶을 막연히 동경하게 되면

자신도 모르게 염세적이고 그릇된 초월적 삶을 살 수도 있습니다.
자칫하면 내세의 구원을 위해 현세의 삶을 무가치한 것으로 치부하게 됩니다.
이런 신앙관으로 인해 인륜강기를 무너뜨려 사회적 물의를 일으키기도 합니다.

반대로 인과의 이치가 생사의 경계를 넘어 일관되게 적용되어
죽음 이후에도 같은 세상에서 윤회할 뿐이라고 생각한다면
이승과 저승을 나누는 이분법적 사고에서 벗어날 수 있고
이생에서의 삶에 최선을 다하는 삶의 태도로 이어지게 됩니다.
요컨대, 내생을 인정하면서도 현세 중심의 신앙을 하게 됩니다.
다음 생이나 구원을 위해 현세의 삶을 소홀히 하는 일이 있을 수 없습니다.

나의 마음공부

- 나는 죽음 이후에 어느 곳에 다시 태어날 것이라고 생각하나요?

- 내가 다시 태어나고 싶은 세상은 어떤 세상인가요?

- 더 나은 내생을 위해서 현생의 삶을 어떻게 살아야 할까요?

- 나는 다음 생에 어떤 존재로 태어나기를 바라나요?

대종사 말씀하시기를
[사람의 영식이 이 육신을 떠날 때에
처음에는 그 착심을 좇아 가게 되고,
후에는 그 업을 따라 받게 되어
한없는 세상에 길이 윤회하나니,
윤회를 자유하는 방법은
오직 착심을 여의고 업을 초월하는 데에 있나니라.]

『대종경』「천도품」11장

• **착심著心** : 어떤 일에 마음을 붙임. 또는 그 마음의 의미. 사물에 집착하는 마음, 사랑하는 것, 갖고 싶은 것, 하고 싶은 것, 좋아하는 것 등에 집착하는 마음. 재색명리·처자권속·부귀영화 등 세속적 가치에 마음을 빼앗기는 것. 착심을 떼지 못하면 죄업의 바다에 빠지게 된다. 착심 떼는 공부가 생사해탈 공부다. 견성을 했어도 번뇌와 착심은 바로 없어지는 것이 아니며, 점차로 노력하고 수행해야 없어지게 된다. 평소에 좌선 등을 많이 해야 착심이 줄어들거나 없어지게 된다.-『원불교대사전』
흔히 사랑하는 마음이 과해서 생기는 애착심, 탐내는 마음이 과해서 생기는 탐착심, 원망하는 마음이 지나쳐서 생기는 원착심을 대표적인 착심으로 꼽는다.(필자 주)

윤회를 자유하는 방법 | 풀이 |

대종사 말씀하시기를
[사람의 영식이 이 육신을 떠날 때에
처음에는 그 착심을 좇아 가게 되고,

불생불멸한 인과의 이치는 생사의 경계를 가리지 않습니다.
인과의 이치는 시간과 공간을 넘어 일관되게 만물에 적용됩니다.
가만히 생각해보면 살아 있는 사람의 행로나 영식의 행로가 동일하게 결정됩니다.
술에 착심이 있는 사람이 술집으로 들어가듯이
영식도 착심을 따라서 어딘가로 가게 됩니다.
짐작하건대, 영식은 살아 있는 사람보다도 더 쉽게 착심을 따라갈 수 있습니다.
육신을 가진 사람은 주위의 눈길도 의식하게 되고
마음대로 할 수 없는 여러 가지 경계도 행로를 방해할 수 있습니다.
하지만 육신을 벗어난 영식은 그야말로 '마음대로' 갈 수 있기 때문입니다.
평소의 마음이 습관이 되어 굳어버린 '착심'을 쉽게 따라갈 수밖에 없습니다.

어떤 경계에 응할 때 '온전한 생각으로 취사하기를 주의' 해야 하는데
이미 '착심'이 있을 경우에는 '온전한' 마음조차 챙길 수 없기 때문에
착심에 물든 마음이 어디로 향할 것인지는 너무나 뻔합니다.
자석에 쇠붙이가 따라가듯이 마음도 착심 있는 곳으로 가게 마련입니다.

후에는 그 업을 따라 받게 되어
한없는 세상에 길이 윤회하나니,

또한 착심 따라 가게 된 다음에는 '그 업을 따라 받게' 된다고 설하십니다.

이 역시 인과의 이치에 따른 결과입니다.
'지은대로 받는다'는 인과의 이치는 다음 생에도 일관되게 적용됩니다.
따라서 어떤 사람의 '착심' 여부나 내용, 평소에 지은 '업'을 안다면
그 사람의 내생이 어떨지도 추측할 수 있다고 할 수 있습니다.

윤회를 자유하는 방법은
오직 착심을 여의고 업을 초월하는 데에 있나니라.]

'윤회에 자유하는 방법'의 첫 번째는 '착심을 여읜'는 것입니다.
착심에 의해서 마음이 강하게 끌려가서 윤회의 원인이 되기 때문입니다.
마치 윤회의 수레바퀴를 잡고 있는 집착執着이 되는 셈입니다.
집착하지 않으면 마음이 자유로워서 윤회에 끌려갈 이유가 없습니다.

'윤회에 자유하는 방법'의 두 번째는 '업을 초월'하는 것입니다.
나의 심신작용이 쌓이면 업이 됩니다.
본질적으로는 내 마음이 곧 나의 업이 됩니다.
'업을 초월'한다는 것은 곧 '내가 과거에 지은 것'으로부터 자유롭다는 것입니다.
과거에 자신이 지은 업력의 지배를 받지 않고 새 마음으로 살아가는 것입니다.

착심은 업을 낳고, 업은 착심을 낳습니다.
그래서 윤회에 자유해서 더 나은 내생을 원한다면
마음공부로 착심을 여의고 업을 초월하는 수밖에 없습니다.
그래야 과거의 내가 미래의 나를 속박하지 않게 됩니다.

나의 마음공부

- 나는 평소에 어떤 '착심'을 가지고 있나요?

- 나는 아무런 '착심'도 갖고 있지 않다고 자신할 수 있나요?

- 나는 평소에 어떤 '업'을 짓고 있나요?

- 내 '착심'과 '업'을 보고 다음 생을 추측해봅니다.

- '착심을 여의고 업을 초월'하기 위해 어떤 공부를 어떻게 하고 있나요?

12

정 일성鄭一成이 여쭙기를
[일생을 끝마칠 때에 최후의 일념을 어떻게 하오리까.]
대종사 말씀하시기를
[온전한 생각으로 그치라.]
또 여쭙기를 [죽었다가 다시 나는 경로가 어떠하나이까.]
대종사 말씀하시기를
[잠자고 깨는 것과 같나니,
분별없이 자 버리매 일성이가 어디로 간 것 같지마는
잠을 깨면 도로 그 일성이니,
어디로 가나 그 일성이인 한 물건이
저의 업을 따라 한없이 다시 나고 다시 죽나니라.]

『대종경』「천도품」12장

최후의 일념 | 풀이 |

정 일성鄭一成이 여쭙기를
[일생을 끝마칠 때에 최후의 일념을 어떻게 하오리까.]
대종사 말씀하시기를
[온전한 생각으로 그치라.]

질문이 매우 사실적이고 구체적입니다.
사람이 죽기 직전에 마음가짐을 어떻게 해야 하는지를 묻고 있습니다.
숨이 끊어지려 할 때의 마음공부를 묻는 것입니다.
공부인 다운 질문입니다.

소태산 대종사님의 대답은 매우 간단하고 확고합니다.
"온전한 생각으로 그치라." 입니다.
이 대답은 '응용하는데 온전한 생각으로 취사하기를 주의할 것이요'라는
「상시 응용 주의 사항」1조의 내용과 일맥상통합니다.
생을 마감하는 마지막 순간에 해야 할 일은 없습니다.
마음을 비워서 온전하게 만들면 될 뿐입니다.

'온전하다'의 뜻은 사전에 의하면
'본바탕 그대로 고스란하다. 잘못된 것이 없이 바르거나 옳다.' 입니다.
'온전한 생각으로 그침'을 교리적으로 보자면
본래의 성품 자리,
'마음이 두렷하고 고요하여 분별성과 주착심이 없는 경지'-『정전』「정신수양」,
'언어도단의 입정처'-『정전』「일원상 서원문」,
'일원의 체성에 합'하는 것-『정전』「일원상 서원문」,

천도품

'육근이 무사'한 때이니 '잡념을 제거하고 일심을 양성' - 『정전』「무시선법」하는 것 등으로 볼 수 있습니다.

법문은 간이한 듯하나 실행은 쉽지 않습니다.
평소에 마음공부로 마음의 힘을 쌓지 않고는 실행하기 어려운 경지입니다.
마음의 힘이 약하면 '착심著心'이나 '분별심分別心', '망념妄念'들이
마음의 '온전함', '정定'과 '정靜'을 방해합니다.
평소의 서원과 신심, 공부심이 중요합니다.

또 여쭙기를 [죽었다가 다시 나는 경로가 어떠하나이까.]
대종사 말씀하시기를
[잠자고 깨는 것과 같나니,
분별없이 자 버리매 일성이가 어디로 간 것 같지마는
잠을 깨면 도로 그 일성이니,
어디로 가나 그 일성이인 한 물건이
저의 업을 따라 한없이 다시 나고 다시 죽나니라.]

제자의 질문이 매우 유용합니다.
이생 최후 순간의 공부법을 묻고, 다음 생의 시초를 묻고 있습니다.
대종사님은 잠들었다가 다시 깨어나는 것에 비유해서 설명해주십니다.
「천도품」 곳곳에서 사용한 비유입니다.
잠들었을 때는 '분별이 없는 때'로 '죽음'을 설명하고,
잠에서 깨어날 때는 '분별이 있는 때'로 '다시 태어남'을 설명하십니다.

그리고 '한 물건' 즉, '영식'은 '어디로 가나' 같다고 하시며,
그 한 물건이 '업'을 따라 '한없이 다시 나고 다시 죽나니라'라고
'무량 세계'에 '육도 윤회'함을 알려주십니다.
대종사님의 일관된 생사관입니다.

잠들기 전의 삶과 다음날의 삶은 같기도 하고 다르기도 합니다.
마음을 먹는 데 따라서 오늘의 삶과 내일의 삶이 달라지기 때문입니다.
현세의 삶과 내세의 삶도 그럴 것입니다.
하루하루의 삶을 '온전한 생각으로 취사하기를 주의'하면서 살아간다면,
죽는 순간까지도 마음을 챙겨서 '온전한 생각으로 그치'는 공부를 한다면
같은 영식이 윤회를 한다고 하더라도 더 나은 생을 살 수 있을 것입니다.
변함이 없는 가운데 변하는 이치가 바로 인과의 이치이기 때문입니다.
그리고 모든 변화의 핵심은 '마음'이기 때문입니다.

나의 마음공부

• 나는 평소에 '온전한 생각으로 그치'는 공부를 어떻게 하고 있나요?

• 나는 죽는 순간에 '온전한 생각으로 그칠' 수 있을까요?

- 나는 다음 생에 다시 잘 태어날 수 있을 만큼 마음의 힘을 길렀나요?

- 평상시 마음과 '최후의 일념'의 관계를 깊이 생각해봅니다.

13

한 제자 여쭙기를

[영혼이 이 육신을 버리고 새 육신을 받는 경로와 상태를 알고 싶나이다.]

대종사 말씀하시기를

[영혼이 이 육신과 갈릴 때에는
육신의 기식氣息이 완전히 끊어진 뒤에 뜨는 것이 보통이나,
아직 육신의 기식이 남아 있는데 영혼만 먼저 뜨는 수도 있으며,
영혼이 육신에서 뜨면 약 칠·칠ㄴㄴ일 동안
중음中陰으로 있다가 탁태되는 것이 보통이나,
뜨면서 바로 탁태되는 수도 있고,
또는 중음으로 몇 달 혹은 몇 해 동안 바람 같이 떠돌아다니다가
탁태되는 수도 있는데,
보통 영혼은 새 육신을 받을 때까지는 잠잘 때 꿈꾸듯
자기의 육신을 그대로 가진 것으로 알고 돌아다니다가
한 번 탁태를 하면 먼저 의식은 사라지고 탁태된 육신을 자기 것으로 아나니라.]

『대종경』「천도품」13장

- 중음 中陰 : 사람이 죽은 뒤 다음 생의 몸을 받아 날 때까지의 영혼의 상태. 중유中有·중온中蘊이라고도 한다. 죽는 순간(死有)부터 다음의 생을 받기(生有)까지의 존재(有)와 비존재(無)의 중간적 상태로서 『능가경』·『구사론』 등에서 윤회의 과정을 설명하기 위해 사용한 개념이다. 사람이 죽은 뒤 49일 동안은 중음의 상태로 있다가 다음 생의 몸을 받게 된다는 설에서 발전하여 사후 7일마다 독경을 하며 명복을 빌고, 7번째가 되는 49일째에 천도재를 올리는 불교 의례가 생겨났다.
- 탁태 托胎 : 어머니의 태에 삶을 의탁依託한다는 뜻. 어머니의 태 안에 있음.

새 육신을 받는 경로 | 풀이 |

한 제자 여쭙기를
[영혼이 이 육신을 버리고 새 육신을 받는 경로와 상태를 알고 싶나이다.]

새 육신으로 다시 태어나는 경로에 대한 질문입니다.
소태산 대종사님께서 매우 구체적인 응답을 해주십니다.

대종사 말씀하시기를
[영혼이 이 육신과 갈릴 때에는
육신의 기식氣息이 완전히 끊어진 뒤에 뜨는 것이 보통이나,
아직 육신의 기식이 남아 있는데 영혼만 먼저 뜨는 수도 있으며,

영혼이 육신을 떠나는 것을 '죽음'이라고 합니다.
육신의 기식이 완전히 끊어진 다음에 영혼이 뜨는 경우가 대부분이지만,
'영혼만 먼저 뜨는' 경우도 있다고 하십니다.
잠시 영혼만 먼저 뜬 경우도 바로 이어서 기식이 끊어지는 경우가 대부분인데
이런 현상이 오래 지속될 경우는 흔히 '식물 인간'이라고 일컬어지기도 합니다.
정산 종사님의 가르침에 따라 인간을 '영靈·기氣·질質'의 합체로 본다면
'기'와 '질'은 온전한데 '영'이 먼저 '기질'을 떠난 것과 같습니다.

영혼이 육신에서 뜨면 약 칠·칠七七일 동안
중음中陰으로 있다가 탁태되는 것이 보통이나,
뜨면서 바로 탁태되는 수도 있고,
또는 중음으로 몇 달 혹은 몇 해 동안 바람 같이 떠돌아다니다가
탁태되는 수도 있는데,

천도품

다시 태어나는 경로, 과정에 대한 말씀입니다.
영혼이 육신을 떠나자마자 새로운 육신으로 탁태되는 경우도 있고
기한 없이 중음으로 떠돌다가 탁태되는 수도 있다고 알려주십니다.
탁태는 쉽게 말하자면 어머니의 자궁에 태아로 자리잡는 것을 의미합니다.
'영'(영식)이 새로운 '기질'과 만나는 것입니다.
물론 악도에 떨어질 경우에는 동물에게 탁태되는 경우도 포함합니다.

보통 영혼은 새 육신을 받을 때까지는 잠잘 때 꿈꾸듯
자기의 육신을 그대로 가진 것으로 알고 돌아다니다가
한 번 탁태를 하면 먼저 의식은 사라지고 탁태된 육신을 자기 것으로 아나니라.]

다시 태어나는 상태에 관한 대종사님의 법문이 이어집니다.
요약하자면,
다시 태어나기 전에는 영혼으로 떠돌아다니는데,
마치 생시에 꿈을 꾸듯이 돌아다녀서,
이때는 전생의 육신을 자신이라고 생각한다고 합니다.
그러다가 새 몸에 탁태를 하면,
과거의 기억은 소멸되고,
새로 탁태된 몸이 자신의 몸이라고 의식하게 된다는 것입니다.

이 말씀에 의하면 왜 사람들이 전생의 기억을 하지 못하는지를 알 수 있습니다.
어쩌면 이런 것도 모두 진리의 은혜일 수 있습니다.
추측컨대, 만약에 사람들이나 생명체들이 과거 생의 기억들을 모두 기억한다면
과연 새로운 삶이 가능할까요?
예측하기 어려운 수많은 문제들이 발생할 수도 있을 것입니다.
(물론 숙명통宿命通의 능력을 갖춘 불보살의 경우는 예외로 해야 할 것입니다.)

대종사님이 알려주시는 윤회, 환생의 과정은 매우 구체적이고 사실적입니다.

이 윤회 환생의 과정에서 마음을 챙기는 마음공부가 계속되어야 합니다.
가족과 법연들이 천도재를 거행하는 이유도 영가(열반인의 영혼)의 마음챙김과 마음공부를 도와주려는 목적입니다.
영가가 명로冥路에서 마주하는 경계마다 '온전한 마음'으로 응해야
'새 육신을 받는 경로'에 문제없이 정견으로 바른길을 찾을 수 있을 것입니다.

나의 마음공부

• 이 법문의 내용을 다 이해하고 믿을 수 있나요?

• 나는 평소에 내 마음을 내 마음대로 할 수 있는 마음의 힘을 갖추었나요?

• 나는 중음中陰을 떠돌아다닐 때 내 마음대로 거래할만한 마음의 힘을 갖추었나요?

• 육신이 아닌 '참 나'의 정체는 무엇일까요?

14

한 제자 여쭙기를
[저는 아직 생사에 대한 의심이 해결되지 못하와
저의 사는 것이 하루살이 같은 느낌이 있사오며,
이 세상이 모두 허망하게만 보이오니 어찌하여야 하오리까.]
대종사 말씀하시기를
[옛글에 "대개 그 변하는 것으로 보면 천지도 한때를 그대로 있지 아니하고,
그 불변하는 것으로 보면 만물과 내가 다 다함이 없다."한 귀절이 있나니
이 뜻을 많이 연구하여 보라.]

『대종경』「천도품」14장

하루살이 같은 느낌 | 풀이 |

한 제자 여쭙기를
[저는 아직 생사에 대한 의심이 해결되지 못하와
저의 사는 것이 하루살이 같은 느낌이 있사오며,
이 세상이 모두 허망하게만 보이오니 어찌하여야 하오리까.]

생사의 이치를 깨닫지 못한 제자가 소태산 대종사님께 자신의 심정을 토로합니다.
'사는 것이 하루살이 같은 느낌'이라고.
'하루살이'라는 곤충은 그 생의 주기가 하루에 지나지 않아 붙여진 이름이죠.
'내일'을 기약할 수 없으니 '오늘'이 '허망'할 수밖에 없는 것이죠.
'내생'을 기약하지 못하는 중생의 '현생'이 '허망'한 이유를 비유하는 말입니다.

이 '허망'한 느낌은 비단 이 제자만의 것이 아닙니다.
수많은 사람이 이런 허망함, 공허함에 직면하고 있습니다.
인간 실존의 문제라고 할 수 있습니다.
'하루살이 같은 느낌'과 '이 세상이 모두 허망하게 보이'는 관점에 따라
삶의 태도가 크게 달라집니다.
이런 느낌과 관점으로는 '내일'이 없는 허무주의자의 삶을 살기 십상입니다.
'오늘'만 있는 듯한 쾌락주의자의 삶을 살기도 쉽습니다.
인과의 이치에 바탕해서 차근차근 미래를 준비하는 삶을 살기가 어렵습니다.

대종사 말씀하시기를
[옛글에 "대개 그 변하는 것으로 보면 천지도 한때를 그대로 있지 아니하고,
그 불변하는 것으로 보면 만물과 내가 다 다함이 없다."한 귀절이 있나니
이 뜻을 많이 연구하여 보라.]

이 옛글의 원문은 한정석의 『원불교대종경해의』에 따르면,
소동파蘇東坡의 『전적벽부前赤壁賦』에 실린
'蓋將自其變者而觀之則 天地曾不能以 一瞬
自其不變者而觀之則 物與我皆無盡也'
(대개 변하는 것으로 보면 천지도 그 한 때를 그대로 있지 아니하고
그 불변하는 것으로 보면 만물과 내가 다함이 없다.) 라는 글입니다.

생사 변화에 대해 하루살이 같은 허망함을 느끼며 괴로워하는 제자에게
'불변'의 이치도 연마하라는 가르침을 유명한 옛글로 대신한 셈입니다.

대종사님이 깨달은 진리에는 '변變'과 '불변不變'이 병존합니다.
『대종경』「서품」1장의 '생멸 없는 도'가 진리의 '불변'함을 표현한다면,
'인과보응되는 이치'는 진리의 '변'하는 속성을 나타냅니다.

대종사님은 『정전』「일원상 서원문」에서는
'능이성 유상能以成有常하고 능이성 무상無常하여' 라고 보아서
'변'과 '불변'의 양면으로 진리를 파악하고 또 표현하고 있습니다.
이어서 '유상有常으로 보면 상주불멸로 여여자연如如自然하여 무량 세계를 전개하였고,' 라고
'불변'의 관점에서 이 세계를 설명하고,
'무상無常으로 보면 우주의 성·주·괴·공成住壞空과 만물의 생·로·병·사生老病死와 사생四生의
심신 작용을 따라 육도六途로 변화를 시켜 혹은 진급으로 혹은 강급으로 혹은 은생어해恩
生於害로 혹은 해생어은害生於恩으로 이와 같이 무량 세계를 전개하였나니' 라고
'변화'의 관점에서 이 세계를 설명하십니다.

'하루살이 같은 느낌'은 '무상'과 '유상' 가운데 '무상'에 치우친 까닭이고
'변'과 '불변' 가운데 '변'에 치우쳐서 삶을 바라보기 때문이라고 할 수 있습니다.

진리는 '변'과 '불변', '무상'과 '유상'의 면을 함께 가지고 있습니다.

이 양면을 하나로 파악하여 삶에 적절히 활용하는 것이 온전한 중도中道의 삶입니다.
인간의 삶은 한시적이면서도 영원합니다.
육신을 가지고 살아가던 존재가 죽어서 사라지는 것이 사실입니다.
하지만 부처님들은 이 변화 속에 불변하는 그 무엇을 깨달으라고 촉구합니다.
유는 무로, 무는 유로 무한히 변화하니 진리의 양면을 모두 깨달으라고 하십니다.
'생'과 '사', '유'와 '무', '한시성'과 '영원성', '변'과 '불변', '무상'과 '유상'….
양면을 인정하고 이들의 상호 순환을 보며 초월하고 자유를 얻으라고 하십니다.

그래서 「일원상 서원문」에서는 '유무초월有無超越의 생사문生死門'을 말씀하시고
「일원상의 진리」에선 '대소유무大小有無에 분별分別이 없는 자리'에서 '대소유무에 분별이 나타'난다고 하시고, '선악업보善惡業報가 끊어진 자리'에서 '선악업보에 차별이 생겨'난다고 설하십니다.
「게송」에서는 '유有는 무無로 무는 유로 돌고 돌아'라고 읊어주십니다.

'변'과 '불변' 둘 사이를 '많이 연구'하고
'유'와 '무' 둘 사이를 '많이 연구'해야
'생'과 '사'의 이치를 꿰뚫어 하나로 '자유'할 수 있을 것입니다.

나의 마음공부

• 나도 법문의 제자와 같이 '하루살이 같은 느낌'을 느끼곤 하나요?

• '이 세상이 모두 허망하게만 보이는' 경험을 해본 적이 있나요?

• 이런 느낌, 생각이 들 때 나는 어떻게 대응하나요?

• 영원히 변하지 않는 것은 무엇일까요?

• "하루살이 같은 느낌"을 극복하는 방법은 무엇인가요?

15

대종사 말씀하시기를
[세상의 유정有情 무정無情이 다 생의 요소가 있으며
하나도 아주 없어지는 것은 없고 다만 그 형상을 변해 갈 따름이니,
예를 들면 사람의 시체가 땅에서 썩은즉
그 땅이 비옥하여 그 근방의 풀이 무성하여질 것이요,
그 풀을 베어다가 거름을 한즉 곡식이 잘될 것이며,
그 곡식을 사람이 먹은즉 피도 되고 살도 되어
생명을 유지하며 활동을 하게 될 것이니,
이와 같이 본다면 우주 만물이 모두 다 영원히 죽어 없어지지 아니하고
저 지푸라기 하나까지도 백억 화신을 내어 갖은 조화와 능력을 발휘하나니라.

그러므로, 그대들은 이러한 이치를 깊이 연구하여
우주 만유가 다 같이 생멸 없는 진리 가운데
한량없는 생을 누리는 것을 깨쳐 얻으라.]

『대종경』「천도품」15장

- **유정 有情** : 유정물有情物. 마음이 있는 중생. 일반적으로 동물의 총칭이다. 사람에게 인정·동정·사랑이 있는 것.
- **무정 無情** : 무정물無情物. 목석木石처럼 감각성이 없는 물건.
- **화신 化身** : (1)부처가 중생을 교화하기 위해 여러 모습으로 변화하는 일. 또는 그 불신佛身. 좁은 의미에서는 부처의 상호相好를 갖추지 않고 범부·범천·제석·마왕 따위의 모습을 취하는 것을 뜻한다. (2)어떤 추상적인 특질을 구체화 또는 유형화하는 것. 미의 화신, 분노의 화신과 같은 예를 들 수 있다.
- **백억 화신 百億化身** : 헤아릴 수 없이 많은 부처님의 화신을 말한다. 그중에는 축생畜生과 수라修羅와 같은 삼악도三惡道에 빠진 중생뿐 아니라 무정물까지 포함되어 있는 것으로, 중생의 제도를 위해 부처님께서는 다양한 모습으로 무수히 화현하여 나타나는 것을 이르는 말이다.

아주 없어지는 것은 없고 | 풀이 |

대종사 말씀하시기를
[세상의 유정有情 무정無情이 다 생의 요소가 있으며
하나도 아주 없어지는 것은 없고 다만 그 형상을 변해 갈 따름이니,

유정물과 무정물을 합치면 우주 만유입니다.
대종사님께서는 모든 존재에 '생'의 요소가 있다는 놀라운 말씀을 하십니다.
인간의 기준으로 보아서 유정물과 무정물의 구분이 있는 것이지
진리적 관점에서 보자면 '생'의 요소가 없는 존재는 없다는 말씀입니다.
즉, 모든 존재가 완전히 '죽었다'라고 할 수 없다는 것입니다.

또한 '아주 없어지는 것은 없'다고 하십니다.
즉, 완전한 '무'는 없다는 뜻과 같습니다.
인간의 관점에서 '없다'라고, '무無'라고 인식할 뿐인 것입니다.
'그 형상을 변해 갈 따름'이라고 설파하십니다.

일찍이 『정전』「게송」에서 '유有는 무無로 무無는 유有로 돌고 돌아 지극하면'이라고
읊으신 뜻과 상통합니다.
『대종경』「서품」1장에서
"만유가 한 체성이며 만법이 한 근원이로다.
이 가운데 생멸 없는 도道와 인과 보응되는 이치가 서로 바탕하여
한 두렷한 기틀을 지었도다."라고 설하신 내용과도 일맥 상통합니다.
원래부터 우주 만유가 '한 체성'이어서 마치 한 몸과 같다고 보신 것입니다.
이들이 변화를 해서 어떤 때는 '유'로 어떤 때는 '무'로 모습을 바꿀 뿐인 것입니다.
그리고 그 변화의 이치는 '인과의 이치'이고 '음양상승陰陽相勝'의 이치인 것입니다.

요컨대, '아주 없어져서', 완전히 '무'로 되는 '죽음'은 없다고 보셨습니다.
'죽음'이 아니라 '변화'라고 거듭해서 설하시는 이유입니다.

예를 들면 사람의 시체가 땅에서 썩은즉
그 땅이 비옥하여 그 근방의 풀이 무성하여질 것이요,
그 풀을 베어다가 거름을 한즉 곡식이 잘될 것이며,
그 곡식을 사람이 먹은즉 피도 되고 살도 되어
생명을 유지하며 활동을 하게 될 것이니,
이와 같이 본다면 우주 만물이 모두 다 영원히 죽어 없어지지 아니하고
저 지푸라기 하나까지도 백억 화신을 내어 갖은 조화와 능력을 발휘하나니라.

대종사님께서 '변화'의 실례를 들어서 설명해주십니다.
'유정'과 '무정'의 구분이 별다른 의미가 없음을 깨우쳐주십니다.
'살아있는 사람'이 '유정물'이라면 '사람의 시체'는 '무정물'입니다.
'땅'이 '무정물'이라면 '풀'은 '유정물'입니다.
'풀을 베어다가 거름'을 하면 다시 '무정물'이 됩니다.
추수한 곡식을 '무정물'로 본다면 이 곡식을 먹은 '사람'은 '유정물'입니다.
이렇듯, 만물은 '그 형상을 변해 갈 따름'인 것입니다.
'유정'과 '무정'의 분별과 경계도 고정 불변한 것이 아닙니다.
'생'과 '사'의 분별과 경계도 마찬가지입니다.
크게 보면 '생'과 '사'가 하나인 것입니다.
'지푸라기 하나'도 '백억 화신'이 되는 이치를 깊이 깨우쳐야겠습니다.
우주 만물 각각이 다 엄청난 '조화와 능력'을 가지고 있는 존재임을
잊지 말아야겠습니다.
'처처불상處處佛像 사사불공事事佛供'을 설하신 이유일 것입니다.
우주 만유 모든 것이 다 백억 화신불인 것입니다.

그러므로, 그대들은 이러한 이치를 깊이 연구하여
우주 만유가 다 같이 생멸 없는 진리 가운데
한량없는 생을 누리는 것을 깨쳐 얻으라.]

우주 만유가 다 '생멸 없는 도' 가운데서
'인과 보응되는 이치'를 따라서 무한히 변화할 뿐입니다.
작게 보면 생과 사가 있을지언정
크게 보면 모두 '한량없는 생'을 누리고 있는 것입니다.
이 사실을 깨달아야 생사 해탈이 가능합니다.

나의 마음공부

• 나는 그 어떤 무정물에서도 '생의 요소'를 발견할 수 있나요?

• 모든 '유정물'과 '무정물'이 서로 끝없이 '변화'하는 것을 이해하나요?

• 죽음 이후 내 육신의 변화를 자연스럽게 받아들일 수 있나요?

- 모든 존재를 백억 화신불로 볼 수 있나요?

- 나는 '한량없는 생'을 어떻게 누리고 있나요?

16

대종사 신년식에서 대중에게 말씀하시기를
[어제가 별 날이 아니고 오늘이 별 날이 아니건마는,
어제까지를 일러 거년이라 하고 오늘부터를 일러 금년이라 하는 것 같이,
우리가 죽어도 그 영혼이요 살아도 그 영혼이건마는
죽으면 저승이라 하고 살았을 때에는 이승이라 하나니,
지·수·화·풍 사대四大로 된 육체는 비록 죽었다 살았다 하여
이 세상 저 세상이 있으나
영혼은 영원 불멸하여 길이 생사가 없나니,
그러므로 아는 사람에 있어서는 인생의 생·로·병·사가 마치
춘·하·추·동 사시 바뀌는 것과 같고
저 생生과 이 생이 마치 거년과 금년 되는 것 같나니라.]

『대종경』「천도품」16장

- **거년 去年** : 지난해. 작년昨年. 구년舊年.
- **금년 今年** : 올해. 금세今歲. 당세當歲.
- **사대 四大** : 세상 만물을 구성하는 땅·물·불·바람의 네 가지 요소.

죽어도 그 영혼이요 살아도 그 영혼 | 풀이 |

대종사 신년식에서 대중에게 말씀하시기를
[어제가 별 날이 아니고 오늘이 별 날이 아니건마는,
어제까지를 일러 거년이라 하고 오늘부터를 일러 금년이라 하는 것 같이,
우리가 죽어도 그 영혼이요 살아도 그 영혼이건마는
죽으면 저승이라 하고 살았을 때에는 이승이라 하나니,

어제와 오늘,
거년과 금년,
저승과 이승…
이렇게 분별하지만 사실 이들은 필요에 의한 분별일 뿐
사실은 이들은 '하나'로 이어져 있는 것이죠.
소태산 대종사님은 사람의 '생'과 '사'도 하나라고 보십니다.
영혼의 관점에서는 '죽어도 그 영혼 살아도 그 영혼'이라고 하십니다.

지·수·화·풍 사대(四大)로 된 육체는 비록 죽었다 살았다 하여
이 세상 저 세상의 분별이 있으나
영혼은 영원 불멸하여 길이 생사가 없나니,

"변함에 따르는 육신은 이제 죽어진다 하여도 변함이 없는 소소(昭昭)한 영식(靈識)은 영원히 사라지지 아니하고, 또다시 다른 육신을 받게 되므로 그 일 점의 영식은 곧 저 화재 보험 증서 한 장이 다시 새 건물을 이뤄내는 능력이 있는 것 같이 또한 사람의 영생을 보증하고 있나니라." - 「천도품」6장라는 말씀을 비롯해서 여러 법문에서 반복되는 대종사님의 생사관입니다.

'변화'에 따라 이름을 달리해도 그 변화는 '불변'의 이치, '생멸이 없는 진리'에 바탕한 것입니다.

그러므로 아는 사람에 있어서는 인생의 생·로·병·사가 마치
춘·하·추·동 사시 바뀌는 것과 같고
저 생生과 이 생이 마치 거년과 금년 되는 것 같나니라.]

우주는 성·주·괴·공으로 변화해도 같은 우주이며,
만물은 생·로·병·사로 변화해도 만물일 뿐이며,
계절도 춘·하·추·동으로 변화하지만 크게는 하나입니다.
거년과 금년, 이 생과 저 생도 마찬가지라고 알려주십니다.

나의 마음공부

- 나는 '죽어도 그 영혼 살아도 그 영혼'임을 얼마나 믿나요?

- 나는 '죽어도 그 영혼 살아도 그 영혼'임을 얼마나 깨달았나요?

- '저 생과 이 생이 마치 거년과 금년 되는 것 같다'라는 가르침이 내 삶에 어떤 영향을 미치고 있나요?

- 법문과 같은 관점에서 '자살'을 어떻게 봐야 할까요?

17

대종사 말씀하시기를

[사람이 평생에 비록 많은 전곡을 벌어 놓았다 하더라도
죽을 때에는 하나도 가져가지 못하나니,
하나도 가져가지 못하는 것을 어찌 영원한 내 것이라 하리요.
영원히 나의 소유를 만들기로 하면,
생전에 어느 방면으로든지 남을 위하여 노력과 보시를 많이 하되
상相에 주함이 없는 보시로써 무루無漏의 복덕을 쌓아야 할 것이요,
참으로 영원한 나의 소유는 정법에 대한 서원과 그것을 수행한 마음의 힘이니,
서원과 마음공부에 끊임없는 공을 쌓아야
한없는 세상에 혜복의 주인공이 되나니라.]

『대종경』「천도품」17장

- **전곡錢穀** : 돈과 곡식
- **상相** : (1) 모습, 형태, 모양, 특징, 특성, 성질. 싼스끄리뜨로는 락샤나(laksana). 다른 것과 구분 짓게 하는 것, 차별을 드러내는 것을 말한다. (2) 생각하는 것, 생각·관념. 싼스끄리뜨로는 삼즈냐(samjna). 아상我相·법상法相 등의 상이 여기에 해당한다. 유식唯識과 선종에서는 의식의 대상에 대한 고정된 관념으로서 깨달음을 방해하는 부정적인 것으로 간주한다. 원불교에서도 마음에 상을 가지고 있거나 이에 집착하면 밝은 지혜를 발현할 수 없다고 가르친다.
- **보시 布施** : (1)보살의 수행덕목인 육바라밀의 하나. 지계·인욕·정진·선정·지혜와 함께 육바라밀을 이룬다. (2)자비심·청정심으로써 법이나 재물을 다른 사람에게 아무런 조건 없이 베푸는 것. 재물을 베푸는 것을 재시財施, 진리를 가르쳐 주는 것을 법시法施, 스스로 계행을 청정히 하여 남에게 피해를 주지 않고 두려움이 없게 하는 것을 무외시無畏施라 한다. 보시를 한다는 생각(相)을 가지고 하는 것을 유상有相보시라 하는데, 그 공덕이 적거나 오래가지 못하고 때로는 도리어 죄를 불러올 수도 있다. 아무런 생각 없이 텅 빈 마음으로 또는 보답을 바라는 마음이 없이 하는 보시를 무상無相보시라 하는데, 그 공덕이 한량없고 영원한 복이 된다. (3) 신도들이 스님에게 독경을 청하거나 불사佛事를 행하고 그 보수로 금전이나 물품으로 답례하는 것. 자기가 남으로부터 원하는 것을 먼저 베푸는 것(己所欲施於人).
- **무루無漏** : 욕심과 정욕이 흘러나오는 것이 없음을 의미한다. 번뇌를 떠났다, 번뇌가 없다, 번뇌와 함께 있지 않다는 뜻으로 유루有漏에 상대되는 말이다. 누漏는 번뇌의 다른 이름.

참으로 영원한 나의 소유 | 풀이 |

대종사 말씀하시기를
[사람이 평생에 비록 많은 전곡을 벌어 놓았다 하더라도
죽을 때에는 하나도 가져가지 못하나니,
하나도 가져가지 못하는 것을 어찌 영원한 내 것이라 하리요.

생사의 경계를 육신으로는 건너지 못합니다.
지수화풍 사대의 집합체인 육신이 흩어지는 것이 죽음이니
육신이 없는데 평생에 모아놓은 돈과 곡식, 재산을 소유할 수는 없는 노릇입니다.
'영원한 내 것', 진정한 소유에 대해 성찰하게 하는 법문입니다.

영원히 나의 소유를 만들기로 하면,
생전에 어느 방면으로든지 남을 위하여 노력과 보시를 많이 하되
상相에 주함이 없는 보시로써 무루無漏의 복덕을 쌓아야 할 것이요,
참으로 영원한 나의 소유는 정법에 대한 서원과 그것을 수행한 마음의 힘이니,
서원과 마음공부에 끊임없는 공을 쌓아야
한없는 세상에 혜복의 주인공이 되나니라.]

'내' 재산에 집착한다고 해서 죽음 이후에도 내 소유가 될 수는 없습니다.
대종사님은 오히려 '내' 것을 '남'을 위해 베풀라고 설하십니다.
쉽게 생각하자면 내가 죽더라도 다음 생에 다시 태어나기 때문에
세상을 위해 베푼 것들이 다시 내 것이 된다고 생각해도 될 것입니다.
단, 그런 생각도 집착이 되어 '무루의 복덕' 짓기를 방해하게 되니
대가를 바라지 않는 빈 마음으로 '남을 위하여 노력과 보시를 많이' 하라고 하십니다.

'참으로 영원한 나의 소유'는
첫째로 '정법에 대한 서원'과
둘째로 '그것을 수행한 마음의 힘'이라고 알려주십니다.
서원은 마음의 향방을 정해줄 것이고 수행력은 바른 삶을 살아갈 힘을 줄 것입니다.
성불과 같은 고귀한 삶의 목적을 확고히 하고 수행력으로 목적 달성을 위해
꾸준히 노력할 수 있다면 영생의 진급과 행복이 보장될 것입니다.
타인과 세상을 위해 보은을 하고 서원과 수행심을 챙긴다면
그 사람은 '한없는 세상에 혜복의 주인공'이 될 것입니다.
법신불의 뜻, 인과의 이치에 따라 무위이화 그렇게 될 것입니다.
우리 공부인이 할 일은 '서원과 마음공부에 끊임없는 공을 쌓'는 일입니다.

나의 마음공부

- 나는 어느 방면으로 '남을 위하여 노력과 보시'를 하고 있나요?

- 나는 '무루無漏의 복덕'을 얼마나, 어떻게 쌓고 있나요?

- '정법에 대한 서원'을 어느 정도나 잘 챙기고 있나요?

- '마음공부에 끊임 없는 공'을 얼마나, 어떻게 들이고 있나요?

- '참으로 영원한 나의 소유'는 무엇인가요?

18

대종사 선원 대중에게 말씀하시기를

[그대들은 염라국閻羅國과 명부사자冥府使者를 아는가.

염라국이 다른 데가 아니라 곧 자기 집 울타리 안이며

명부 사자가 다른 이가 아니라 곧 자기의 권속이니,

어찌하여 그런고 하면

보통 사람은 이생에 얽힌 권속의 정애情愛로 인하여

몸이 죽는 날에 영이 멀리 뜨지 못하고 도로 자기 집 울 안에 떨어져서

인도 수생의 기회가 없으면 혹은 그 집의 가축도 되며

혹은 그 집안에 곤충류의 몸을 받기도 하나니,

그러므로 예로부터 제불 조사가 다

착 없이 가며 착 없이 행하라고 권장하신 것은

그리하여야 능히 악도에 떨어지는 것을 면할 수 있기 때문이니라.]

『대종경』「천도품」18장

- **염라국 閻羅國** : 염라대왕閻羅大王이 다스린다는 저승. 인도 신화에 근거를 두고 도교·불교적 요소가 가미되어 형성된 민속신앙으로 사람이 죽은 후 간다는 세상을 말한다.
- **명부사자 冥府使者** : 명부의 사자. 명부는 명토冥土·저승. 염라대왕閻羅大王이 있는 곳. 사자는 염라대왕의 심부름으로 사람의 죽은 혼을 저승으로 잡아간다는 귀신인 명관冥官. 방위에 따라 동·서·남·북·중앙 명관이 따로 있고, 또 직업에 따라 농가에는 제석명관帝釋冥官, 수렵가에는 산신명관山神冥官, 바다에는 용왕명관龍王冥官, 배에는 선왕명관船王冥官 등이 있다고 한다. 염라대왕 앞에 잡혀간 인간의 영혼은 생전의 지은 바 선악업보에 따라 심판을 받고 천상이나 지옥으로 보내지게 된다고 믿었다. 이러한 내세관은 동양 고대사회에서부터 있어 왔고 도교·불교사상과 결합되어 십대왕, 사찰의 명부전冥府殿 등으로 구체화되기도 했다.

염라국閻羅國과 명부사자冥府使者 | 풀이 |

대종사 선원 대중에게 말씀하시기를
[그대들은 염라국閻羅國과 명부사자冥府使者를 아는가.
염라국이 다른 데가 아니라 곧 자기 집 울타리 안이며
명부 사자가 다른 이가 아니라 곧 자기의 권속이니,

소태산 대종사님께서 오랜 민간 신앙의 내용 중 하나인 염라국과 명부사자에 대한
오해를 일깨워주십니다.
신비롭게 생각하던 염라국이 다른 세상에 있는 것이 아니라고 알려주십니다.
마찬가지로 명부사자도 특별한 존재가 아니라고 하십니다.
이생에서 가진 착심과 업보에 따라 생사 거래를 하는 것이니
'자기 집 울타리 안'이 다시 태어날 염라국이고,
이생에 정들었던 '자기의 권속'이 명부사자라고 설하십니다.
단지 비유가 아니라 직설적으로 깨우침을 주십니다.
이어서 그 이유까지 구체적으로 설하십니다.

어찌하여 그런고 하면
보통 사람은 이생에 얽힌 권속의 정애情愛로 인하여
몸이 죽는 날에 영이 멀리 뜨지 못하고 도로 자기 집 울 안에 떨어져서
인도 수생의 기회가 없으면 혹은 그 집의 가축도 되며
혹은 그 집안에 곤충류의 몸을 받기도 하나니,

소태산 대종사님께서 이미 「천도품」 11장에서
'사람의 영식이 이 육신을 떠날 때에 처음에는 그 착심을 좇아 가게 되고,
후에는 그 업을 따라 받게 되어 한없는 세상에 길이 윤회하나니'라고

설하신 바와 같습니다.
'이생에 얽힌 권속의 정애'가 착심이나 인력引力이 되어
'영이 멀리 뜨지 못하고 도로 자기 집 울 안에 떨어'지게 된다고 알려주십니다.
무서운 사실은 사람으로 태어날 '인도 수생의 기회가 없으면'
가축이나 곤충류의 몸을 받기도 한다고 알려주십니다.
염라국과 명부사자의 해석을 매우 사실적으로 해주십니다.

그러므로 예로부터 제불 조사가 다
착 없이 가며 착 없이 행하라고 권장하신 것은
그리하여야 능히 악도에 떨어지는 것을 면할 수 있기 때문이니라.]

명부사자에게 끌려서 염라국으로 가지 않으려면 어떻게 해야 할까요?
다른 말로 하자면 생사에 자유하려면 어떻게 해야 할까요?
'착 없이 가며 착 없이 행하라'는 제불 조사님들의 가르침을 따르라고 당부하십니다.
결국 '착심着心'이 관건인 셈입니다.
애착심愛着心·탐착심貪着心·원착심怨着心 등에 끌려가지 않아야 합니다.
사랑이 지나쳐서 집착이 되거나,
욕심이 지나쳐서 집착이 되거나,
원망이 지나쳐서 집착이 되지 않아야 합니다.
마음공부의 핵심은 마음의 자유에 있는데
착심은 마음의 자유를 불가능하게 하는 굳어버린 마음입니다.
집착하지 않아야 마음을 자유롭게 쓸 수 있습니다.
그래야 실행도 자유로울 수 있습니다.

내 마음이 삼독심에 끌려가면 그 도달점은 '악도惡道'일 수밖에 없습니다.
평소에 마음공부에 공을 들여야 죽음의 순간에도 착심에 끌려가지 않습니다.
마음공부가 영생의 운명을 좌우합니다.

죽어갈 때에 '착 없이 가며 착 없이 행'하려고 하면 이미 늦을 수 있습니다.
평소에 '서원과 마음공부에 끊임없는 공을 쌓아야',
'마음의 힘'을 얻어야,
그래야 '악도에 떨어지는 것을 면할 수 있'고
'한없는 세상에 혜복의 주인공' - 「천도품」17장 이 될 수 있습니다.

나의 마음공부

• 내 마음에 어떤 착심(애착심·탐착심·원착심)이 있는지 잘 알고 있나요?

• '권속의 정애情愛', 즉 가족에 대한 사랑을 평소에 어떻게 해야 할까요?

• 내가 오늘 죽는다고 할 때 정애情愛로 인해 마음에 걸리는 인연은 누구인가요?

• 내 몸이 죽는 날에 내 영을 멀리 뜨지 못하게 할 경계는 무엇인가요?

• 평소에 어떻게 살아야 내생에 악도에 떨어지지 않을 수 있을까요?

19

대종사 말씀하시기를

[사람이 평소에 착 없는 공부를 많이 익히고 닦을지니

재·색·명리와 처자와 권속이며, 의·식·주 등에 착심이 많은 사람은

그것이 자기 앞에서 없어지면

그 괴로움과 근심이 보통에 비하여 훨씬 더 할 것이라,

곧 현실의 지옥 생활이며

죽어갈 때에도 또한 그 착심에 끌리어 자유를 얻지 못하고

죄업의 바다에 빠지게 되나니

어찌 조심할 바 아니리요.]

『대종경』「천도품」 19장

착著 없는 공부 | 풀이 |

대종사 말씀하시기를
[사람이 평소에 착 없는 공부를 많이 익히고 닦을지니

죽음의 순간에 착심著心을 비워야 한다는 것을 알아도
죽음의 순간에 착심著心을 갑자기 비운다는 것은 결코 쉬운 일이 아닙니다.
얼음이 일시에 녹지 않는 것과도 같고
훈련되지 않은 선수가 실전에서 실력을 발휘할 수 없는 것과 같습니다.
일생 동안 쌓은 업력業力에서 갑자기 벗어나기란 쉽지 않습니다.
'평소에 착 없는 공부를 많이 익히고 닦'아야 가능한 일입니다.

재·색·명리와 처자와 권속이며, 의·식·주 등에 착심이 많은 사람은
그것이 자기 앞에서 없어지면
그 괴로움과 근심이 보통에 비하여 훨씬 더 할 것이라,
곧 현실의 지옥 생활이며

마음을 잘 모르고, 마음공부를 잘 안 해본 사람은 '착심'을 알기 어렵습니다.
묵은 때를 보고도 때인 줄을 잘 모르는 것과 같습니다.
습관이 오래되면 습관인 줄을 잘 모르는 것과도 같습니다.
이 법문은 그런 경우에 유용한 기준을 예시합니다.
'재·색·명리와 처자와 권속이며, 의·식·주'가 '자기 앞에서 없어지면'
'그 괴로움과 근심이 보통에 비하여 훨씬 더 할 것이라'고 설하십니다.
무언가가 자신에게 있을 때는 몰랐다가도 '없어지면' 느끼고 깨닫게 됩니다.
착심이 있었다면 무언가가 없어질 때 고통이 심합니다.
'곧 현실의 지옥 생활'이 된다고까지 표현하십니다.

이 법문을 시금석 삼아서 나를 둘러싼 모든 것들을 마음에서 떠나보내면서
그 고통의 정도를 가늠해보는 공부가 필요합니다.
내 안에 착심이 있는지도 모르고 살아간다면
정작 착심을 비워내야 할 때 그 착심의 견고함과 크기에 당혹할 수 있습니다.
그 견고함과 크기에 비례해서 고통이 커져서 '지옥 생활'이 될 수 있습니다.
평소에 속 깊은 마음공부를 해야 할 이유입니다.

죽어갈 때에도 또한 그 착심에 끌리어 자유를 얻지 못하고
죄업의 바다에 빠지게 되나니
어찌 조심할 바 아니리요.]

착심의 문제는 이생의 문제임과 동시에 내생의 문제입니다.
착심에 끌려가는 삶은 죽음의 순간에도 마찬가지일 것이고
착심의 힘은 다음 생까지도 악도로 끌고 갈 것입니다.

착심은 무엇에 집착하는 마음이고,
집착하는 곳으로 끌려가는 마음입니다.
끌려가는 마음은 부자유한 마음입니다.
삼독심, 착심 등이 우리를 끌고 가는 곳은 '죄업의 바다'입니다.
소위, '파란고해波瀾苦海'입니다.
마음공부만이 죄업의 바다에서 우리를 벗어나게 할 수 있습니다.
'평소에 착 없는 공부를 많이 익히고 닦'아야 자신 천도가 가능합니다.
'착 없는 공부'를 죽음 앞에서 갑자기, 일시에 할 수는 없습니다.

나의 마음공부

• 나는 내가 '착심'을 어느 정도나 가지고 있는지 잘 알고 있나요?

• 내가 아끼는 사람이나 물건이 내 앞에서 없어졌을 때 그 '괴로움과 근심이 보통에 비하여 훨씬 더' 심한 편인가요?

• 나는 이생에서 어느 정도로 '지옥생활' 또는 '낙원생활'을 하고 있나요?

• 나는 영원히 '죄업의 바다'에 빠지지 않을 자신이 있나요?

• 나는 '평소에 착 없는 공부'를 어떻게, 얼마나 '많이 익히고 닦'고 있나요?

대종사 말씀하시기를
[근래 사람들이 혹 좋은 묘터를 미리 잡아 놓고
거기에 자기가 묻히리라는 생각을 굳게 가지는 수가 더러 있으나,
그러한 사람은 명을 마치는 찰나에 영식이 바로 그 터로 가게 되어
그 주위에 인도 수생의 길이 없으면 부지중 악도에 떨어져서
사람 몸을 받기가 어렵게 되나니
어찌 조심할 바 아니리요.]

『대종경』「천도품」20장

- 인도 人道 : 육도 세계에 있어서 인간이 사는 세계. 세속세계.고락상반의 세계.
- 수생 受生 : 몸을 받아 다시 태어남. 인도人道 수생의 경우는 다시 사람으로 태어나는 것. 육도 가운데 윤회하면서 태어나는 것. 인도 수생이라야 진급의 길과 해탈의 길을 찾을 수 있기 때문에 다시 사람으로 태어나는 것이 매우 중요한 일이다.

좋은 묘터 | 풀이 |

대종사 말씀하시기를
[근래 사람들이 혹 좋은 묘터를 미리 잡아 놓고
거기에 자기가 묻히리라는 생각을 굳게 가지는 수가 더러 있으나,

요즘도 미리 자신의 묘지를 마련해놓는 사람들이 있습니다.
자주 묘지를 둘러보면서 아름답게 꾸미기도 합니다.
대개는 경제적 여유가 있는 사람들이 그렇게 하죠.
이런 경우에 대해 소태산 대종사님께서 가르침을 주십니다.
'생각을 굳게 가지는' 것의 문제를 인과의 이치로 풀어주십니다.

그러한 사람은 명을 마치는 찰나에 영식이 바로 그 터로 가게 되어
그 주위에 인도 수생의 길이 없으면 부지중 악도에 떨어져서
사람 몸을 받기가 어렵게 되나니
어찌 조심할 바 아니리요.]

대종사님은 「천도품」11장에서
'사람의 영식이 이 육신을 떠날 때에 처음에는 그 착심을 좇아 가게 되고,
후에는 그 업을 따라 받게 되어 한없는 세상에 길이 윤회'한다고 하셨습니다.
이 경우에도 마찬가지입니다.
'거기에 자기가 묻히리라는 생각을 굳게 가지'는 것이 '착심'이라고 할 수 있습니다.
그러니까 '명을 마치는 찰나에 영식이 바로 그 터로 가게 되'는 것입니다.
마음 따라, 착심 따라 영식이 가는 것이죠.
그런데 그곳에서 '인도 수생의 길이 없으면' 결국은
'사람 몸을 받기 어렵게' 되어 악도에 떨어진다고 걱정을 하십니다.

따라서 공부인들이라면 죽음을 맞이할 때 마땅히 착심을 비워야 합니다.
특정한 곳으로 가겠다는 마음도 갖지 말아야 합니다.
미리 묘터를 잡아서 마음을 그곳에 두는 일도 삼가야 합니다.
마음의 힘이 부족한 사람이 미리 마음을 특정한 곳에 두다 보면
그 마음이 굳어져서 착심이 되기 때문입니다.
착심이 되면 죽음의 순간 영식이 그곳으로 가버리기 쉽습니다.
그러면 악도에 떨어지기도 쉽습니다.
그러니 대종사님 말씀 따라 이런 일을 하지 않도록 '조심'하고
명을 마치는 때는 '온전한 생각으로 그치라'-「천도품」12장 라는 법문과 같이
모든 생각을 비워야겠습니다.

나의 마음공부

• 나는 '묘터를 미리 잡아 놓고 거기에 자기가 묻히리라는 생각을 굳게' 하고 있지는 않나요?

• 나는 다음 생에 '사람 몸'을 받을 수 있을까요?

• 생사 거래를 내가 원하는 대로 할 수 있는 마음의 힘이 있나요?

• 나는 평소에 생사 자유를 할 수 있을 정도의 신앙·수행을 하고 있나요?

한 제자 무슨 일에
대종사의 명령하심을 어기고 자기의 고집대로 하려 하는지라,
대종사 말씀하시기를
[작은 일에 그대의 고집을 세우면 큰일에도 고집을 세울 것이니,
그러한다면 모든 일을 다 그대의 주견대로 행하여
결국은 나의 제도나 천도를 받지 못할지라
제도와 천도를 받지 못할 때에는
내 비록 그대를 구원하고자 하나 어찌할 수 없으리라.]

『대종경』「천도품」21장

그대를 구원하고자 하나 | 풀이 |

한 제자 무슨 일에
대종사의 명령하심을 어기고 자기의 고집대로 하려 하는지라,
대종사 말씀하시기를
[작은 일에 그대의 고집을 세우면 큰 일에도 고집을 세울 것이니,
그러한다면 모든 일을 다 그대의 주견대로 행하여
결국은 나의 제도나 천도를 받지 못할지라

소태산 대종사님의 가르침을 따르지 않고 고집을 부리는 제자에게
그렇게 하면 자신의 제도와 천도, 구원을 받지 못한다고 경계하시는 법문입니다.
이 법문의 제자는 '대종사의 명령'까지 어기고 '자기의 고집대로' 하려고 하니
그 제자의 마음이 변화하기는 불가능해 보입니다.
'고집固執'이란 '자기의 의견을 바꾸거나 고치지 않고 굳게 버팀. 또는 그렇게 버티는
성미.'를 의미합니다. 집착執着과 다르지 않습니다.
고집하는 마음에는 새로운 가르침이나 생각이 자리잡을 수 없습니다.
마음이 고집으로 가득 차 있기 때문입니다.

더구나 제자의 마음 씀씀이를 보시고 대종사님은
'작은 일에 그대의 고집을 세우면 큰일에도 고집을 세울 것'이라고 경계하십니다.
'결국은 나의 제도나 천도를 받지 못할' 것이라고 우려하십니다.

'천도薦度'의 뜻은 『원불교대사전』에 의하면 이렇습니다.
'죽은 사람의 영혼을 바른길로 인도하고, 악한 사람을 선한 사람으로 전환시키며, 자기 자신을 진급시키는 노력을 하는 것. ① 열반인 천도:죽은 사람의 명복을 빌고 영가靈駕로 하여금 이고득락離苦得樂 · 지악수선止惡修善 · 전미개오轉迷開悟하게 하여 악도를 놓고 선도로

들어가게 하는 일. 자손이나 친지들이 7·7천도재 등을 지낸다. ② 타인 천도:한 사람을 착한 사람이 되도록 도와주고, 악도에서 선도로 이끌어주는 것. ③ 자기 천도:자기 자신이 생사해탈과 진급이 되도록 노력하는 것.(하략)'

'천도'라는 용어는 주로 영혼에게 쓰입니다.
물론 예수재預修齋와 같은 경우에는 살아있는 사람이 대상이 됩니다.
영혼을 악도에서 선도로 인도하려는 목적으로 쓰이는 개념입니다.
따라서 천도를 위해서는 당사자가 마음의 변화를 일으키는 것이
무엇보다 중요합니다.
믿음에 의해서건 깨달음에 의해서건 정성에 감응을 얻건 간에
결국은 마음의 변화가 일어나야 천도가 가능합니다.
그런데 이 법문의 제자는 스승의 '명령'까지 듣지 않으니
마음의 변화는 불가능해 보입니다.
믿음이 있어야 자신의 잘못된 마음가짐이나 생각 등을 비우고
스승의 가르침을 받아들여서 심신작용을 새롭게 해야 하는데
그렇지 못할 때는 '제도나 천도를 받지 못할' 것입니다.
자신의 '주견대로 행하여' 악업을 계속 지을 것이기 때문입니다.
대도를 깨달은 스승이 바른길을 가르쳐주어도 그 길을 가지 않는 것과 같습니다.

제도와 천도를 받지 못할 때에는
내 비록 그대를 구원하고자 하나 어찌할 수 없으리라.]

중생을 교화하고 구제하는 것이 '제도濟度'라면
'천도薦度'는 주로 영혼을 대상으로 하는 교화라고 할 수 있습니다.
'구원救援'이란 말도 기독교에서 흔히 쓰지만 그 뜻은 제도와 다르지 않습니다.
각각 고해에서 건져준다, 악도에서 선도로 옮겨준다, 도와서 구제해준다는 말이니
대동소이합니다.

결국, 살아 있을 때 '고집대로, 주견대로 행한다면'
살아서도 제도를 받지 못하고, 죽어서도 천도를 받지 못하고,
영원히 구원을 받지 못할 수 있다고 크게 경고하십니다.

중생이 자신의 마음과 생각, 주견을 고집하면 그 어리석음은 영원히 지속됩니다.
거기에 따르는 죄고와 업보도 그칠 날이 없을 것입니다.
'파란고해'에서 '제도'하려는 부처님의 자비로운 손길을 받아들여야
'천도'도 받을 수 있고 '구원'도 받을 것입니다.

어리석음을 버리지 못하는 중생에 대한 부처님의 안타까움이 느껴지는 법문입니다.

- **예수재 豫修齋** : 죽어서 극락왕생 하기 위해서 생전에 불전에 올리는 재齋. 죽은 후에 고인을 천도하는 재를 생전에 미리 올리는 일. 예수재를 통해 살아생전에 경전을 공부하여 지혜를 닦고 복을 짓겠다는 다짐과 서원을 올리는 의미가 있으며, 그러한 실행을 하는 것도 넓은 의미의 예수재라 할 수 있다. 정산종사는 "실지의 공덕이 없이 죽을 임시에 큰 재 한번 지낸 복이 어찌 큰 공덕이 되리요"(『정산종사법어』「경의편」56장)라고 하여 생전에 공덕을 쌓아야 천도 받을 수 있음을 밝히고 있다.

나의 마음공부

• 나는 소태산 대종사님이나 스승님의 말씀을 어긴 적이 있나요?

• 내가 버려야 할 '고집'과 '주견'은 무엇인가요?

• 나의 제도와 천도를 위해서 받아들여야 할 스승님의 가르침은 무엇인가요?

• 나는 어떻게 '구원' 받을 계획인가요?

대종사 선원 대중에게 말씀하시기를

[그대들이 이와 같이 세간의 모든 애착과 탐착을 여의고

매일매일 법설을 들어 정신을 맑히고 정력을 얻어 나가면

자신의 천도만 될 뿐 아니라 그 법력이 허공 법계에 사무쳐서

이 주위에 살고 있는 미물 곤충까지도 부지중 천도가 될 수 있나니,

비하건대 태양 광선이 눈과 얼음을 녹히려는 마음이 없이 무심히 비치건마는

눈과 얼음이 자연 녹아지듯이

사심 잡념이 없는 도인들의 법력에는

범부 중생의 업장이 부지중에 또한 녹아지기도 하나니라.]

『대종경』「천도품」22장

- **정력 定力** : 정신수양으로 마음에 요란함이 없이 정신통일이 된 상태를 통해 얻게 되는 힘. 선정禪定에 의하여 마음을 적정寂靜하게 이끄는 힘이다. 또한 동적으로 천만 경계에 부딪쳐서도 정신이 흔들리지 않는 힘을 말한다. 수양력·연구력·취사력의 삼대력 가운데 수양력을 가리킨다. 소태산 대종사는 동정간에 끊임없이 삼대력 얻는 공부길을 제시했다. 수양력 곧 정력을 쌓는 길에도 두 가지 길이 있다고 했다. 먼저 염불·좌선 등의 정정靜공부가 있고, "이 일을 할 때 저 일에 끌리지 아니하고, 저 일을 할 때 이 일에 끌리지 아니하는 일심공부"(『대종경』「수행품」9장)의 동動공부를 통하여 동정일여의 정력을 얻는 길을 제시했다.
- **법계 法界** : 싼스끄리뜨 다르마다뚜(dharma-dhatu)를 번역한 용어. (1)현상 세계의 근본이 되는 형상이 없는 진리의 세계. 본체계 또는 허공법계라고도 한다. 나무의 가지와 잎을 현상계라고 한다면 뿌리를 본체계라고 할 수 있다. 형상 있는 현상세계는 형상 없는 법계에 근원하여 존재하게 된다. (2)일체의 존재를 육근六根·육경六境·육식六識으로 나누었을 때, 의식의 대상이 되는 것 모두를 법계라 한다. 따라서 일체 법을 의미한다. 이 경우에는 현상세계로서의 법계와, 진리세계로서의 진여·법성法性의 두 가지 의미가 있다. 법은 본래 인간의 행위를 보존한다는 뜻을 지닌 말이나 불교에서는 모든 사물의 근원을 뜻한다. 특히 대승불교에서는 종교적인 본원을 의미하며, 여기에 경계라는 의미의 '계'를 붙여 진리의 세계를 상징한다. 그래서 법계는 진여眞如와 동의어로 쓰이기도 한다. 진리 자체로서의 부처, 곧 법신불을 뜻하기도 하며, 화엄교학華嚴敎學에서는 있는 그대로의 현실세계를 뜻하기도 한다.
- **업장 業障** : 전생에 악업을 지은 죄로 인하여 받게 되는 온갖 장애. 마장魔障. 삼독 오욕심이 많다든가, 시기 질투심이 강하다든가, 중상모략을 좋아한다든가 하는 것은 다 업장이 된다. 또 금생에 가난하다거나 게으른 것도 전생의 악업으로 인한 업장이다. 업장이 두터운 사람은 정도 수행을 방해하므로 업장이 다 녹을 때까지 끊임없이 참회 개과하고 수행 정진해야 한다.

범부 중생의 업장 | 풀이 |

대종사 선원 대중에게 말씀하시기를
[그대들이 이와 같이 세간의 모든 애착과 탐착을 여의고
매일매일 법설을 들어 정신을 맑히고 정력을 얻어 나가면

소태산 대종사님께서 선원에 입선해서 정진하는 대중들에게 해주신 법문입니다.
어려운 환경에서도 정진하는 제자들에게 수행의 효과를 알려주어서
공부심을 북돋아 주려는 의도로 하신 말씀 같습니다.
여기서 '정력定力'이라고 하셨지만 넓게 보면 '삼대력'이라고 할 수 있겠습니다.
정력은 주로 정신수양 과목으로 얻게 되는 것인데 선원 대중들의 공부를 보면
삼학을 병진했기 때문입니다.

자신의 천도만 될 뿐 아니라 그 법력이 허공 법계에 사무쳐서
이 주위에 살고 있는 미물 곤충까지도 부지중 천도가 될 수 있나니,

'자신의 천도'를 이해할 수는 있으나
'그 법력이 허공 법계에 사무쳐서', '미물 곤충까지도 부지중 천도가' 되는 것을
알려면 수행의 경지가 상당히 깊어야 할 것입니다.
범부 중생들이 추측하기 힘든 경지입니다.
의도적인 천도와 달리 '부지중 천도'라고 말씀하신 이유는
천도를 한다는 적극적 의도 없이 이뤄지는 천도인 까닭이고,
천도의 대상이 사람과 같은 소소영령한 '영식'이 아닌 '미물 곤충'인 까닭입니다.

비하건대 태양 광선이 눈과 얼음을 녹히려는 마음이 없이 무심히 비치건마는
눈과 얼음이 자연 녹아지듯이

사심 잡념이 없는 도인들의 법력에는
범부 중생의 업장이 부지중에 또한 녹아지기도 하나니라.]

이해시키기 어려운 내용이어서 그런지 대종사님은 비유를 들어 설하십니다.
태양의 햇빛이 무심히 내리쬐어도 눈과 얼음이 녹는 것과 같다고.
마음이 업이 되고 업이 업장이 되는 것이니
업장도 결국은 본질이 마음이니 업장을 마음으로 녹이는 것은 당연한 이치입니다.
'태양 광선'과 같은 '도인들의 법력'이 '범부 중생의 업장'을
'부지중'에 녹이는 것입니다.
'마음과 마음이 서로 통하고 기운과 기운이 서로 응'한다는 「천도품」29장의 말씀과
일맥상통하는 법문입니다.

나의 마음공부

• 나의 법력이 나를 천도할 수 있는 정도인가요?

• 나의 법력이 '허공 법계'에 사무칠만한 정도인가요?

• 나의 법력이 '이 주위에 살고 있는 미물 곤충까지도 부지중 천도'할 수 있는 정도인가요?

• 나는 내 법력을 키우기 위해 매일매일 어떤 공부를 하고 있나요?

23

대종사 말씀하시기를
[사람 가운데에는 하늘 사람과 땅 사람이 있나니,
하늘 사람은 항시 욕심이 담박하고 생각이 고상하여
맑은 기운이 위로 오르는 사람이요,
땅 사람은 항상 욕심이 치성하고 생각이 비열하여
탁한 기운이 아래로 처지는 사람이라,
이것이 곧 선도와 악도의 갈림길이니
누구를 막론하고 다 각기 마음을 반성하여 보면
자기는 어느 사람이며 장차 어찌될 것을 알 수 있으리라.]

『대종경』「천도품」 23장

- **담박 淡泊하다** : 욕심이 없고 마음이 깨끗하다. 아무 맛이 없이 싱겁다.
- **치성 熾盛하다** : 불길같이 성하게 일어나다.
- **고상 高尙하다** : 품위나 몸가짐의 수준이 높고 훌륭하다.
- **비열 卑劣하다** : 사람의 하는 짓이나 성품이 천하고 졸렬하다.
- **선도 善道** : 삼선도三善道를 줄여서 부르는 말. 축생·아귀·지옥을 삼악도라 하는데 대하여, 천도·인도·수라를 삼선도라 한다. 바르고 착한 도리.
- **악도 惡道** : (1)현세에서 악업을 지은 결과로 장차 받게 될 고통의 세계. 육도세계 중에서 지옥도·아귀도·축생도(『원불교대사전』에서 '수라도'를 악도에 포함시키기도 함—필자 주) (2)주색낭유하고 허랑방탕하는 생활. (3)나쁘고도 험한 길. 난로難路·험로險路. 곧 인생살이가 험한 가시밭길임을 말한다. 정산종사는 "삼악도 중생의 세계는 정욕의 세력이 모두를 지배하나니, 인도에서 바른 생각의 세력이 점점 더해 가는 것은 악도의 세계가 점점 멀어지는 것이요, 그 세력이 줄어가는 것은 악도의 세계가 차차 가까워지는 것이라"(『정산종사법어』「경의편」53장)라고 했다.

하늘 사람과 땅 사람 　| 풀이 |

대종사 말씀하시기를
[사람 가운데에는 하늘 사람과 땅 사람이 있나니,

소태산 대종사님께서 '사람'을 둘로 나눠서 말씀하십니다.
'하늘 사람'과 '땅 사람'이라는 신선한 비유적 표현입니다.

하늘 사람은 항시 욕심이 담박하고 생각이 고상하여
맑은 기운이 위로 오르는 사람이요,
땅 사람은 항상 욕심이 치성하고 생각이 비열하여
탁한 기운이 아래로 처지는 사람이라,

욕심, 생각, 기운 세 가지를 기준으로 삼아서
하늘 사람과 땅 사람을 분별하십니다.
욕심이 담박한 하늘 사람, 욕심이 치성한 땅 사람.
생각이 고상한 하늘 사람, 생각이 비열한 땅 사람.
기운이 위로 오르는 하늘 사람, 기운이 아래로 처지는 땅 사람.
이렇게 나눠서 쉽게 설명해주십니다.
누가 봐도 '하늘 사람'이 되라는 뜻을 알 수 있습니다.
이 내용을 인격의 기준으로 봐도 좋겠습니다.
우리 자신을 성찰하고 평가하는 기준으로 삼아야겠습니다.
'천도'의 관점에서 보자면 '하늘 사람'이 되어야 천도를 받을 수 있습니다.

이것이 곧 선도와 악도의 갈림 길이니

하늘 사람은 선도로, 땅 사람은 악도로 갈 것입니다.
현재의 삶이 미래의 삶, 내생의 길을 결정합니다.

누구를 막론하고 다 각기 마음을 반성하여 보면
자기는 어느 사람이며 장차 어찌될 것을 알 수 있으리라.]

'각기 마음을 반성'하면 '장차 어찌될 것을 알 수 있'습니다.
호리도 틀림이 없는 인과보응의 이치 때문입니다.
내 욕심과 생각과 기운을 반성하면서 살아야겠습니다.
각자의 미래는 각자의 마음과 행동에 달렸습니다.

나의 마음공부

- 나의 '욕심'은 담박한가요, 치성한가요?

- 나의 '생각'은 고상한가요, 비열한가요?

- 나의 '기운'은 맑은 기운이 오르나요, 탁한 기운이 아래로 처지나요?

- 나는 '하늘 사람'인가요, '땅 사람'인가요?

- 이 법문의 가르침에 바탕해서 내 마음공부를 어떻게 해야 할까요?

대종사 말씀하시기를
[저 하늘에는 검은 구름이 걷혀 버려야
밝은 달이 나타나서 삼라만상을 비쳐 줄 것이요,
수도인의 마음 하늘에는 욕심의 구름이 걷혀 버려야
지혜의 달이 솟아올라서 만세 중생을 비쳐주는 거울이 되며,
악도 중생을 천도하는 대법사가 되리라.]

『대종경』「천도품」 24장

악도 중생을 천도하는 대법사 | 풀이 |

대종사 말씀하시기를
[저 하늘에는 검은 구름이 걷혀 버려야
밝은 달이 나타나서 삼라만상을 비쳐 줄 것이요,
수도인의 마음 하늘에는 욕심의 구름이 걷혀 버려야
지혜의 달이 솟아올라서 만세 중생을 비쳐주는 거울이 되며,

소태산 대종사님께서는 이 법문에서도 운치 있는 비유로 가르침을 주십니다.
수도인의 마음을 하늘에 비유하고 욕심을 검은 구름으로 비유하십니다.
수도인의 지혜는 밝은 달로 비유하십니다.
하늘의 밝은 달이 명월明月이라면
수도인의 마음 하늘에 뜬 지혜의 달은 혜월慧月이라고 하겠습니다.
이 '지혜의 달이 솟아올라'야 '만세 중생을 비쳐주는 거울'이 되어
일체 중생들이 '삼라만상'의 실상을 깨닫게 하여
그들을 '광대무량한 낙원으로 인도'하게 될 것입니다.

일찍이 대종사님이 대각을 이루시고
"청풍월상시淸風月上時에 만상자연명萬像自然明이라." -『대종경』「성리품」1장
라고 읊으신 바와 같습니다.

밝은 달을 가리는 검은 구름이 어떻게 생기는지,
어떻게 해야 검은 구름을 걷어버리고 삼라만상의 실상을 볼 수 있을지
연마해야겠습니다.
또한 '만세 중생을 비춰주는 거울'이 되려면 어느 정도의 공부를 해야 할지도
깊이 생각해야겠습니다.

'만세 중생'이라면 영원한 미래의 모든 중생이라고 할 수 있으니
이들의 사표가 될 심신작용을 할 만한 법위를 갖춰야겠습니다.

악도 중생을 천도하는 대법사가 되리라.]

『정전』「법위등급」을 기준으로 본다면 이 법문의 '대법사'는
최소 '자신 제도', '자신 천도'를 한 '법강항마위' 이상의 공부인입니다.
'생·로·병·사에 해탈을 얻은 사람'이란 내용이 있기 때문입니다.
여기서 더 나아가 '일체 생령을 위하여 천신만고와 함지사지를 당하여도
여한이 없는 사람'인 '출가위',
'일체 생령을 제도하되 만능이 겸비'한 '대각여래위' 수도인들일 것입니다.

" (전략)그러므로 마음 난리는 모든 난리의 근원인 동시에 제일 큰 난리가 되고, 이 마음 난리를 평정하는 법이 모든 법의 조종인 동시에 제일 큰 병법이 되나니라. 그런즉, 그대들은 이 뜻을 잘 알아서 정과 혜를 부지런히 닦고 계율을 죽기로써 지키라. 오래오래 쉬지 아니하고 반복 수행하면 마침내 모든 마군을 항복받을 것이니, 그리 된다면 법강 항마의 법위를 얻게 되는 동시에 마음 난리에 편할 날이 없는 이 세상을 평정하는 훌륭한 도원수都元帥가 될 것으로 확신하노라."-「대종경」「수행품」58장 라는 법문의 '도원수'와 이 법문의 '대법사'가 같은 의미라고 볼 수 있습니다.
'악도 중생을 천도'한다는 것은 결국 악도 중생의 '마음난리'를 평정하는 것이기 때문입니다.

나의 마음공부

• 내 마음의 욕심을 없애려면 공부를 어떻게 해야 할까요?

• 나의 '지혜의 달'은 얼마나 솟아 올랐나요?

• 나는 '만세 중생을 비춰주는 거울'과 같은 공부인인가요?

• 나는 '악도 중생을 천도하는 대법사'인가요? 아직 아니라면 어떻게 공부하며 준비할 생각인가요?

25

대종사 말씀하시기를

[내가 어느날 아침 영광에서 부안 변산 쪽을 바라다보매

허공 중천에 맑은 기운이 어리어 있는지라,

그 후 그곳으로 가 보았더니

월명암에 수도 대중이 모여들어 선을 시작하였더라.

과연 정신을 모아 마음을 맑히고 보면

더럽고 탁한 기운은 점점 가라앉고

신령하고 맑은 기운은 구천九天에 솟아올라서

시방 삼계가 그 두렷한 기운 안에 들고

육도 사생이 그 맑은 법력에 싸이어

제도와 천도를 아울러 받게 되나니라.]

『대종경』「천도품」25장

- **구천九天** : ⑴하늘의 가장 높은 곳. 구소九霄·구중천九重天·구만리장천九萬里長天이라고도 한다. ⑵하늘을 아홉 방위로 나누어 이르는 말. 동서남북의 사방과 동남·서남·동북·서북의 사유 그리고 중앙을 말한다. 동방을 창천蒼天, 서방을 호천昊天, 남방을 염천炎天, 북방을 현천玄天, 동남방을 양천陽天, 서남방을 주천朱天, 동북방을 변천變天, 서북방을 유천幽天 그리고 중앙을 균천鈞天이라 한다. ⑶불교에서 대지를 중심으로 하여 그 둘레를 돈다고 생각했던 아홉 개의 별. 일천日天·월천月天·수성천水星天·토성천土星天·항성천恒星天·종동천宗動天을 말한다. ⑷도교에서는 인人·천天 양계兩界의 밖에 따로 삼청三淸, 곧 옥청玉淸·태청太淸·상청上淸을 두어 여기를 신선이 사는 선경이라 이르는데 이 삼청현三淸玄의 원시元始 삼기三氣로부터 또 각각 삼기를 낳아 구기九氣를 합성하여 이로써 구천을 이룬다고 했다. ⑸제왕帝王이 살고 있는 궁중. ⑹구름 위의 하늘.
- **월명암 月明庵**: 전북 부안 변산에서 세 번째로 높은 쌍선봉(498m) 근처에 위치한 절. 행정구역상으로 전북 부안군 변산면 중계리에 속하는 산상의 절로서 통일신라 신문왕11년(691) 부설거사浮雪居士가 창건했다. 월명암이라는 절 이름은 부설거사의 딸 이름에서 유래된다. 부설거사가 창건한 월명암은 신라 때 의상대사가, 조선조에는 선조26년(1592)에 진묵대사震默大師가 중창, 철종14년(1863)에 성암화상性庵和尙이, 1915년에는 학명선사鶴鳴禪師가 4창四創했다. 그 뒤, 한국전쟁으로 소실되고 용성·고암·서옹·해안 등 고승대덕이 머물렀으며 1956년에 원경圓鏡선사가 5창하여 오늘에 이르고 있다. 소태산 대종사의 월명암 방문은 1919년(원기4) 봄과 초겨울 일경에 두 차례나 체포되었다가 풀려난 직후에 이루어졌다. 길룡리 간석지 방조제 공사가 마무리될 즈음에 전국이 만세 운동으로 들끓자 소태산은 경찰에 연행되는 수난을 당하면서 수양 보림하면서 장차 새 회상의 창립을 준비했다. 소태산은 월명암에서 선풍을 떨치는 백학명을 만나 교유하고, 정산종사는 백학명 문하에 2년간 명안明眼이라는 법명으로 상좌생활을 하면서 불교의 예법과 제도를 연구했다. 실상동 봉래정사와 약 4㎞의 거리에 있다. 월명암에 전하는 전북지방문화재 『부설전浮雪傳』이 부안면에 위탁 관리되고 있다.

정신을 모아 마음을 맑히고 보면 | 풀이 |

대종사 말씀하시기를
[내가 어느날 아침 영광에서 부안 변산 쪽을 바라다보매
허공 중천에 맑은 기운이 어리어 있는지라,
그 후 그곳으로 가 보았더니
월명암에 수도 대중이 모여들어 선을 시작하였더라.

소태산 대종사님께서 영광에 계시면서
변산쪽 하늘에 어린 '맑은 기운'을 감지하셨습니다.
범상한 사람으로서는 알기 어려운 경지입니다.
그 지역에서 '수도 대중이 모여들어 선을 시작'한 것을
'맑은 기운'이 어린 원인으로 말씀해주십니다.
아마도 월명암에서 승려들이 결제結制하고 선禪 정진을 한 것으로 보입니다.

수행을 하면 수행자의 마음이 맑아지고,
수행자 주위의 기운도 맑아지는 것이 인과의 이치라고 할 수 있습니다.
수행의 경지가 깊은 수행자는 이 기운을 감지하곤 합니다.

과연 정신을 모아 마음을 맑히고 보면
더럽고 탁한 기운은 점점 가라앉고

'정신을 모아 마음을 맑히'는 공부는 수행의 기초입니다.
삼학 중에서는 '정신수양' 공부라고 할 수 있습니다.
「염불법」의 '천만 가지로 흩어진 정신을 일념으로 만들기 위한 공부',
'순역 경계에 흔들리는 마음을 안정시키는 공부'라는 설명이 모두

이 법문과 상통합니다.

「좌선법」의 '좌선은 이 모든 망념을 제거하고 진여의 본성을 나타내며,
일체의 화기를 내리게 하고 청정한 수기를 불어내기 위한 공부'라는 설명도
같은 내용입니다.

신령하고 맑은 기운은 구천九天에 솟아올라서 시방 삼계가 그 두렷한 기운 안에 들고
육도 사생이 그 맑은 법력에 싸이어 제도와 천도를 아울러 받게 되나니라.]

이미 「천도품」22장에서
"그대들이 이와 같이 세간의 모든 애착과 탐착을 여의고
매일매일 법설을 들어 정신을 맑히고 정력을 얻어 나가면
자신의 천도만 될 뿐 아니라 그 법력이 허공 법계에 사무쳐서
이 주위에 살고 있는 미물 곤충까지도 부지중 천도가 될 수 있나니,
비하건대 태양 광선이 눈과 얼음을 녹히려는 마음이 없이 무심히 비치건마는
눈과 얼음이 자연 녹아지듯이
사심 잡념이 없는 도인들의 법력에는
범부 중생의 업장이 부지중에 또한 녹아지기도 하나니라."라고 설하신 바와 같습니다.

대종사님은 '만유가 한 체성'-「서품」1장 이라고 하셨습니다.
만유가 서로 기운을 주고받는 것은 자연스러운 인과의 이치입니다.
한 사람의 수행자가 마음을 맑히는 것이
이 세상에 미치는 영향을 쉽게 가늠하기 어렵습니다.
수행자들은 자신의 마음부터 맑게 하는 것이 공부의 순서이고 첫 번째 사명입니다.

'신령하고 맑은 기운'이 '구천九天에 솟아오'를 수 있도록
정성을 다해서 수행을 해야겠습니다.
그것이 자신 천도는 물론 일체 중생을 제도하고 천도하는 지름길입니다.

나의 마음공부

- 나는 평소에 '정신'을 얼마나 모으며 살고 있나요?

- 나는 평소에 '마음'을 얼마나 '맑히고' 있나요?

- 나의 '더럽고 탁한 기운'을 어떻게 제거하고 있나요?

- 나의 '신령하고 맑은 기운'은 주변 어디까지 미치고 있나요?

26

대종사 야회에 출석하사
등불 아래로 대중을 일일이 내려다보시며 말씀하시기를
[그대들의 기운 뜨는 것이 각각 다르나니
이 가운데에는 수양을 많이 쌓아서 탁한 기운이 다 가라앉고
순전히 맑은 기운만 오르는 사람과,
맑은 기운이 많고 탁한 기운이 적은 사람과,
맑은 기운과 탁한 기운이 상반되는 사람과,
탁한 기운이 많고 맑은 기운이 적은 사람과,
순전히 탁한 기운만 있는 사람이 있도다.] 하시고,
또 말씀하시기를
[사람이 욕심이 많을수록 그 기운이 탁해져서 높이 뜨지 못하나니,
그러한 사람이 명을 마치면 다시 사람의 몸을 받지 못하고
축생이나 곤충의 무리가 되기도 하며,
또는 욕심은 그다지 없으나
안으로 수양과 밖으로 인연 작복을 무시하고 아는 데에만 치우친 사람은
그 기운이 가벼이 뜨기는 하나 무게가 없으므로
수라修羅나 새의 무리가 되나니라.

그러므로, 수도인이 마음을 깨쳐 알고,

안 뒤에는 맑게 키우고 사邪와 정正을 구분하여 행을 바르게 하면

마침내 영단을 이루어 육도의 수레바퀴에 휩쓸리지 아니하고

몸 받는 것을 마음대로 하며,

색신을 벗어나서 영단만으로 허공 법계에 주유周遊하면서

수양에만 전공하는 능력도 갖추나니라.]

『대종경』「천도품」 26장

- **영단 靈丹**:(1) 깊은 수양으로 얻어진 신령스러운 마음의 힘. 심단心丹과 같은 말. 오래오래 수양의 공을 쌓아서 영단을 얻으면 심신의 자유를 얻고 삼계의 대권을 잡아 육도 윤회를 초월할 수 있다. 정산종사는 "잘 참기가 어렵나니, 참고 또 참으면 영단靈丹이 모이고, 꾸준히 하기가 어렵나니, 하고 또 하면 심력心力이 쌓이어 매사에 자재함을 얻나니라"(『정산종사법어』법훈편42장)라고 하여 영단의 위력을 강조했다. (2) 신령스러운 효험이 있는 단약.
- **주유 周遊** : 두루 돌아다니면서 구경하며 놂. 주행周行.

맑은 기운과 탁한 기운 　|풀이|

대종사 야회에 출석하사
등불 아래로 대중을 일일이 내려다보시며 말씀하시기를
[그대들의 기운 뜨는 것이 각각 다르나니
이 가운데에는 수양을 많이 쌓아서 탁한 기운이 다 가라앉고
순전히 맑은 기운만 오르는 사람과,
맑은 기운이 많고 탁한 기운이 적은 사람과,
맑은 기운과 탁한 기운이 상반되는 사람과,
탁한 기운이 많고 맑은 기운이 적은 사람과,
순전히 탁한 기운만 있는 사람이 있도다.] 하시고,

사람들의 기운氣運의 청탁淸濁에 대해 설명해주십니다.
기운의 맑고 흐림으로 사람을 구분하십니다.
공부의 수준에 따라 기운의 맑고 탁함이 정도를 달리하니
이것을 가늠해서 공부길로 안내하시려는 뜻입니다.

또 말씀하시기를
[사람이 욕심이 많을수록 그 기운이 탁해져서 높이 뜨지 못하나니,
그러한 사람이 명을 마치면 다시 사람의 몸을 받지 못하고
축생이나 곤충의 무리가 되기도 하며,
또는 욕심은 그다지 없으나
안으로 수양과 밖으로 인연 작복을 무시하고 아는 데에만 치우친 사람은
그 기운이 가벼이 뜨기는 하나 무게가 없으므로
수라修羅나 새의 무리가 되나니라.

대종경

마음이 기운으로 이어지니
욕심이 많을수록 기운이 탁해진다고 알려주십니다.
이 이치가 윤회와 천도로 이어짐도 알려주십니다.

기운이 탁한 사람은 상대적으로 저열한 축생이나 곤충이 되기 쉽고,
기운이 가벼이 뜨기는 하나 무게가 없는 사람은
수라나 새의 무리가 되기 쉽다고 하십니다.
'마음'이 '기운'이 되고 '기운'이 '새 몸'에 영향을 주는 이치를 알려주십니다.
'영靈'이 '기氣'로, '기氣'가 '질質'로 이어지는
정산 종사님의 '영기질靈氣質' 법문과도 일맥상통합니다.
"우주만유가 영靈과 기氣와 질質로써 구성되어 있나니, 영은 만유의 본체로서 영원불멸한 성품이며, 기는 만유의 생기로서 그 개체를 생동케 하는 힘이며, 질은 만유의 바탕으로서 그 형체를 이름이니라." - 『정산종사법어』 「원리편」 13장

그러므로, 수도인이 마음을 깨쳐 알고,
안 뒤에는 맑게 키우고 사邪와 정正을 구분하여 행을 바르게 하면

'마음을 깨쳐 알고', '안 뒤에는 맑게 키우고', '사邪와 정正을 구분하여',
'행을 바르게 하면'이라는 말씀은
견성·양성·솔성, 정신수양·사리연구·작업취사 삼학의 교리와 상통합니다.
또한 영(마음)·기(기운)·질(몸) 법문과도 같은 맥락입니다.
이 법문에서도 대종사님은 삼학병진 수행을 강조하십니다.

마침내 영단을 이루어 육도의 수레바퀴에 휩쓸리지 아니하고
몸 받는 것을 마음대로 하며,

'영혼靈魂'을 '알음알이' 중심으로 표현한 것이 '소소昭昭한 영식靈識'이라면,
여기서는 '영단靈丹'이라는 다분히 도교道敎적인 표현이 등장합니다.

필자가 이들의 차이점을 명확히 설명하기에는 역량이 부족합니다.
대동소이한 표현이지만 영靈·기氣·질質의 관점에서 보자면 '영'과 '기'의 요소 중
어디에 방점을 두었느냐의 차이라고 봅니다.
'영단'을 구체적으로 정의하기는 어려운데 이 법문에 의하면,
수도인의 수행이 높은 경지에 올라 충분한 삼대력을 얻어
육도 윤회를 자유할 만한 힘을 갖춘 상태의 영혼, 영식이라고 할 수 있겠습니다.

색신을 벗어나서 영단만으로 허공 법계에 주유周遊하면서
수양에만 전공하는 능력도 갖추나니라.]

대종사님께서 그 경지를 설명해주십니다.
육도 윤회를 벗어나서 '허공 법계에 주유하면서 수양에만 전공하는 능력'을 갖게 되니
범부들이 추측하기 어려운 생사 해탈과 생사 자유의 경지입니다.
'색신을 벗어날' 수도 있고 '몸 받는 것을 마음대로' 할 수도 있는 경지입니다.

나의 마음공부

- 내 기운은 얼마나 맑거나 탁한가요?

- '수양을 많이 쌓아서' 기운을 맑게 하려면 어떤 공부를 어떻게 해야 할까요?

- '사람이 욕심이 많을수록 그 기운이 탁해져서 높이 뜨지 못하'는 이유는 무엇인가요?

- '육도의 수레바퀴에 휩쓸리지 아니하고 몸 받는 것을 마음대로' 하려면 평소에 어떤 공부를 해야 할까요?

- 내가 지금 열반한다면 '육도의 수레바퀴에 휩쓸리지 아니하고, 몸 받는 것을 마음대로' 할 수 있을까요?

대종사 말씀하시기를
[정성과 정성을 다하여 항상 심지가 요란하지 않게 하며,
항상 심지가 어리석지 않게 하며,
항상 심지가 그르지 않게 하고 보면
그 힘으로 지옥 중생이라도 천도할 능력이 생기나니,
부처님의 정법에 한 번 인연을 맺어 주는 것만 하여도
영겁을 통하여 성불할 좋은 종자가 되나니라.]

『대종경』「천도품」 27장

지옥 중생이라도 천도할 능력 | 풀이 |

대종사 말씀하시기를
[정성과 정성을 다하여
항상 심지가 요란하지 않게 하며,
항상 심지가 어리석지 않게 하며,
항상 심지가 그르지 않게 하고 보면
그 힘으로 지옥 중생이라도 천도할 능력이 생기나니,

소태산 대종사님의 가르침은 수미일관首尾一貫합니다.
어떤 상황에서도 신앙과 수행의 기본 내용을 일관되게 말씀하십니다.
그의 교리가 우주를 관통하는 하나의 진리에 바탕했기 때문입니다.

이 법문의 가르침도 수행의 강령인 삼학三學에서 벗어나지 않습니다.
'항상 심지가 요란하지 않게 하'는 공부는 정신수양,
'항상 심지가 어리석지 않게 하'는 공부는 사리연구,
'항상 심지가 그르지 않게 하'는 공부는 작업취사 즉 삼학 수행입니다.

정신수양으로 얻는 수양력,
사리연구로 얻는 연구력,
작업취사로 얻는 취사력을 합쳐서 삼대력三大力이라고 합니다.
삼대력 즉 세 가지 마음의 힘을 기르는 것이 삼학 수행의 목적입니다.

「천도품」26장에서
'그러므로, 수도인이 마음을 깨쳐 알고, 안 뒤에는 맑게 키우고 사邪와 정正을 구분하여 행을 바르게 하면'이라고 설하신 내용도 삼학과 같은 내용입니다.

평소의 삼학 수행으로 쌓은 이 마음의 힘이 천만 경계를 이기는 힘도 되고,
생사의 경계도 넘어서는 천도(薦度)의 힘이 됩니다.
자신을 천도하는 데나 다른 이를 천도하는 데나 모두 삼대력이 관건입니다.
'파란고해의 일체 생령을 광대무량한 낙원으로 인도'하는 능력도
이 마음의 힘에서 비롯되는 것이고,
'지옥 중생이라도 천도할 능력'도 이 마음의 힘에서 나오는 것입니다.

부처님의 정법에 한 번 인연을 맺어 주는 것만 하여도
영겁을 통하여 성불할 좋은 종자가 되나니라.]

부처님의 정법에 인연이 맺어져야 삼학 수행의 공부길을 갈 수 있고,
정신수양·사리연구·작업취사의 삼학 수행을 해야 마음의 힘을 얻을 수 있습니다.
마음의 힘을 얻어야 '성불'도 가능합니다.
그래야 자신 제도와 악도 중생을 천도할 능력을 가질 수 있습니다.
이런 능력을 가지려면 '정성과 정성을 다하여' 수행해야 함을 명심해야 합니다.

요컨대, '부처님의 정법에 한 번 인연을 맺어 주는 것'이 천도를 좌우하는 매우 중요한 관건인 것입니다.

『정전』「일상수행의 요법(日常修行-要法)」1조, 2조, 3조와 상통하는 법문입니다.
"1. 심지(心地)는 원래 요란함이 없건마는 경계를 따라 있어지나니, 그 요란함을 없게 하는 것으로써 자성(自性)의 정(定)을 세우자.
2. 심지는 원래 어리석음이 없건마는 경계를 따라 있어지나니, 그 어리석음을 없게 하는 것으로써 자성의 혜(慧)를 세우자.
3. 심지는 원래 그름이 없건마는 경계를 따라 있어지나니, 그 그름을 없게 하는 것으로써 자성의 계(戒)를 세우자."-『정전』「일상수행의 요법」

나의 마음공부

- 나는 '항상 심지가 요란하지 않게' 하는 정신수양 공부에 얼마나 정성을 다하고 있나요?

- 나는 '항상 심지가 어리석지 않게' 하는 사리연구 공부에 얼마나 정성을 다하고 있나요?

- 나는 '항상 심지가 그르지 않게' 하는 작업취사 공부에 얼마나 정성을 다하고 있나요?

- '부처님의 정법에 인연을 맺'은 것이 내 삶에 어떤 영향을 미치고 있나요?

- 나는 '지옥 중생이라도 천도할 능력'을 얼마나 갖추고 있나요?

28

김 광선이 열반하매 대종사 눈물을 흘리시며, 대중에게 말씀하시기를
[팔산(八山)으로 말하면 이십여 년 동안 고락을 같이하는 가운데
말할 수 없는 정이 들었는지라
법신은 비록 생·멸·성·쇠가 없다 하나,
색신은 이제 또다시 그 얼굴로 대하지 못하게 되었으니
그 어찌 섭섭하지 아니하리요.

내 이제 팔산의 영을 위하여 생사 거래와 업보 멸도(滅度)에 대한 법을 설하리니
그대들은 팔산을 위로하는 마음으로 이 법을 더욱 잘 들으라.
그대들이 이 말을 듣고 깨달음이 있다면 그대들에게 이익이 있을 뿐 아니라
팔산에게도 또한 이익이 되리라.

과거 부처님 말씀에 생멸 거래가 없는 큰 도를 얻어 수행하면
다생의 업보가 멸도된다 하셨나니,
그 업보를 멸도시키는 방법은 이러하나니라.
누가 나에게 고통과 손해를 끼쳐 주는 일이 있거든
그 사람을 속 깊이 원망하거나 미워하지 말고
과거의 빚을 갚은 것으로 알아 안심하며 또한 그에 대항하지 말라.
이편에서 갚을 차례에 져 버리면 그 업보는 쉬어버리나니라.
또는 생사 거래와 고락이 구공한 자리를 알아서 마음이 그 자리에 그치게 하라.
거기에는 생사도 없고 업보도 없나니,
이 지경에 이르면 생사 업보가 완전히 멸도되었다 하리라.]

『대종경』「천도품」28장

- **업보멸도 業報滅度** : 업보가 소멸하여 천도가 되는 것. 생멸거래가 없는 큰 도를 얻어 수행하면 다생의 업보가 멸한다고 한다.

업보를 멸도시키는 방법　| 풀이 |

김 광선이 열반하매 대종사 눈물을 흘리시며, 대중에게 말씀하시기를

소태산 대종사님의 깊은 슬픔을 엿볼 수 있는 법문입니다.
초창기 개척의 역사를 함께 쓴 제자를 먼저 떠나보내는 슬픔입니다.
대종사님께서 눈물을 흘리는 장면은 『대종경』 두 곳에서 나옵니다.
이 법문 외에는 「실시품」 33장에만 나옵니다.
'이 동안이 열반하매 대종사 한참동안 묵념하신 후 눈물을 흘리시는지라'
라는 대목입니다.
묘하게도 모두 아끼던 제자와의 이별 장면에서 낙루落淚하십니다.
아끼고 사랑하던 법연에게 전하는 마음과 천도를 위한 말씀이 절절하게 다가옵니다.

[팔산八山으로 말하면 이십여 년 동안 고락을 같이하는 가운데
말할 수 없는 정이 들었는지라
법신은 비록 생·멸·성·쇠가 없다 하나,
색신은 이제 또다시 그 얼굴로 대하지 못하게 되었으니
그 어찌 섭섭하지 아니하리요.

감정을 억제해야 수행을 잘하는 것으로 오해하는 경우가 있습니다.
대종사님의 가르침은 감정의 억제를 강요하지 않습니다.
즐거워해야 할 때 즐거워하고, 슬퍼해야 마땅한 때 슬퍼하는 것이 도에 맞습니다.
제자들 눈에 비친 대종사님의 운심처사運心處事도 그러했습니다.

"대종사 교중에 일이 생기면 매양 대중과 같이 노력하실 일은 노력하시고, 즐거하실 일은 즐거하시고, 근심하실 일은 근심하시고, 슬퍼하실 일은 슬퍼하사, 조금도 인정에 박

한 일과 분수에 넘치는 일과 요행한 일 등을 취하지 아니하시니라."- 『대종경』「실시품」 42장

인간의 자연스러운 감정의 부침을 인정하십니다.
다만 감정 역시도 절도에 맞게 발하도록 가르쳐주십니다.
"중생은 희·로·애·락에 끌려서 마음을 쓰므로 이로 인하여 자신이나 남이나 해를 많이 보고, 보살은 희·로·애·락에 초월하여 마음을 쓰므로 이로 인하여 자신이나 남이나 해를 보지 아니하며, 부처는 희·로·애·락을 노복같이 부려 쓰므로 이로 인하여 자신이나 남이나 이익을 많이 보나니라."- 『대종경』「불지품」8장

대각여래위의 부처님이신 소태산 대종사님도
제자와 '이십여 년 동안 고락을 같이하는 가운데',
'말할 수 없는 정이 들었'음을 솔직히 고백하시고,
'법신'은 불변하나 '색신'으로는 '그 얼굴로 대하지 못하게 되었으니',
'그 어찌 섭섭하지 아니하리요.'라고 색신의 이별을 아쉬워하십니다.
섭섭해하고 슬퍼해야 마땅한 자리에 섭섭하시고 슬퍼하신 것입니다.
'감정'도 '마음'이니 대종사님의 마음 씀씀이를 배울 수 있는 대목입니다.

내 이제 팔산의 영을 위하여 생사 거래와 업보 멸도^{滅度}에 대한 법을 설하리니
그대들은 팔산을 위로하는 마음으로 이 법을 더욱 잘 들으라.
그대들이 이 말을 듣고 깨달음이 있다면 그대들에게 이익이 있을 뿐 아니라
팔산에게도 또한 이익이 되리라.

대종사님께서 열반한 제자를 위한 '천도 법문'을 하시면서 당부하십니다.
당신의 법문을 듣는 제자들이 '깨달음'을 얻는 것이
'본인'들은 물론 '열반한 제자'(열반인)에게도 '이익'이 된다고 일러주십니다.
이 대목을 통해서 알 수 있는 것은 천도 법문의 대상이
'열반인'만이 아니라 '재에 참석한 사람들'도 포함된다는 사실입니다.
천도재의 주인공은 열반인이지만 그 자리에 참석한 사람들의 '깨달음'이

열반인에게 '이익'이 됨을 알려주셨기 때문입니다.
열반인과 열반인의 천도를 염원하고 추모하는 인연들의 마음과 기운이
하나로 연결되어 서로 영향을 주고받기 때문일 것입니다.
천도재의 중요성은 물론 천도재에 참석한 사람들의 마음가짐이 중요함을 알 수 있는
법문입니다.

과거 부처님 말씀에 생멸 거래가 없는 큰 도를 얻어 수행하면
다생의 업보가 멸도된다 하셨나니,
그 업보를 멸도시키는 방법은 이러하나니라.

전생의 업보, 다생의 업보를 멸도滅度시키려는 목적은 무엇일까요.
새로운 생, 전생에 물들지 않은 새로운 내생을 원하기 때문일 것입니다.
업에는 선업과 악업이 있으니 여기서 멸도하려는 업보는 주로 악업일 것입니다.
하지만 완전한 멸도를 위해서는 선업과 악업 모두를 비워야 할 것입니다.
'선업'이라는 분별도 불필요한 '업'이 되고
자칫하면 그 자체가 '악업'으로 변할 수 있기 때문입니다.

대종사님께서는 「서품」1장에서 당신의 깨달음에 대해,
"만유가 한 체성이며 만법이 한 근원이로다. 이 가운데 생멸 없는 도와 인과 보응되는
이치가 서로 바탕하여 한 두렷한 기틀을 지었도다."라고 설하셨습니다.
「서품」1장의 '생멸 없는 도'가 「천도품」28장의 '생멸 거래가 없는 큰 도'와 같습니다.
진리의 '없는 자리' - 「일원상의 진리」인 셈입니다.
'다생의 업보'를 '생멸 거래가 없는 자리'에서 녹여서 '멸도'시키는 것입니다.
마음에 아무런 선업이나 악업의 자취도 남지 않게 비워버리는 공부입니다.

누가 나에게 고통과 손해를 끼쳐 주는 일이 있거든
그 사람을 속 깊이 원망하거나 미워하지 말고
과거의 빚을 갚은 것으로 알아 안심하며 또한 그에 대항하지 말라.

이편에서 갚을 차례에 져 버리면 그 업보는 쉬어버리나니라.

나에게 닥쳐오는 '고통'과 '손해'의 경계보다
그런 경계에 내가 어떻게 '응應' 하느냐가 중요합니다.
대종사님은 그런 경계에도 '원망'하거나 '미워하지' 말라고 설하십니다.
'과거의 빚을 갚은 것으로 알아'야 한다고 하십니다.
무한히 긍정적으로 받아들이라는 말씀입니다.
그렇게 해야 '안심' 할 수 있고 그래야 '대항' 하지 않을 수 있고,
그래야 '업보'를 쉬게 할 수 있다고 매우 논리적으로 차근차근 설명해주십니다.

부정적 경계, 부정적 기운을 녹여버리고 비워버리는 과정입니다.
업이 업을 낳지 않도록, 마음이 마음을 유발하지 않도록 하는 설명입니다.
'열반涅槃' 이란 타는 촛불을 불어서 끄는 것으로 비유됩니다.
'안심' 하지 못하고, '원망'과 '미움' 으로 '대항' 하기 시작하면
분별 망상과 업의 촛불, 심화心火는 꺼지지 않습니다.

'이편에서 갚을 차례에 져 버리'는 것이 마치 촛불을 끄는 것과 같습니다.
마음을 접어버리고, 마음을 쉬어야 '업보'도 쉬게 됩니다.
열반인 만이 아니라 누구나 유념해야 할 가르침입니다.

또는 생사 거래와 고락이 구공한 자리를 알아서 마음이 그 자리에 그치게 하라.
거기에는 생사도 없고 업보도 없나니,
이 지경에 이르면 생사 업보가 완전히 멸도되었다 하리라.]

'거래'란 '가고 옴'이죠.
무언가 가고 무언가 온다는 뜻입니다.
앞에서 설하신 바와 같이 '이편에서 갚을 차례에 져 버리면'
'거래'가 성립하지 않습니다.

가고, 오고, 가고, 오고…하는 순환의 고리가 끊어져 버립니다.
또한 '대소유무'의 '대' 자리로 보자면 원래 '생'과 '사'가 둘이 아니고,
'고'와 '락'이 둘이 아닌 것이니,
'생'과 '사'가 오고 가고, '고'와 '락'을 주고받는다는 것 자체가 어불성설인 것입니다.
주와 객이 사라지는 데 어떻게 가고옴, 주고받음이 성립하겠습니까.
이런 '없는 자리'에서 보자면 생사 업보의 거래는 끊어져 버리고 맙니다.

'생사'가 없으니 생사를 '초월'할 것도 없고,
'업보'가 없으니 업보를 '쉴' 것도 없는 셈입니다.
마음에서 '생사'를 비우고 '업보'를 비우면, 생사와 업보가 머물 곳이 사라집니다.

한시도 쉬지 않고 일어나는 우주 만물의 생멸 거래는
'생멸 거래가 없는 큰 도' 안에서 이뤄지고 있습니다.

나의 마음공부

- '누가 나에게 고통과 손해를 끼쳐 주는 일이 있'을 때 나는 어떻게 응하나요?

- '누가 나에게 고통과 손해를 끼쳐 주는 일이 있'을 때
  '그 사람을 속 깊이 원망하거나 미워하지' 않을 마음의 힘이 있나요?

- '누가 나에게 고통과 손해를 끼쳐 주는 일이 있'을 때
  '과거의 빚을 갚은 것으로 알아 안심하며 또한 그에 대항하지' 않을 수 있나요?

- '업보'를 '쉬'는 마음공부의 핵심은 무엇일까요?

- 나는 어떻게 업보를 쉬게 하고 있나요?

29

박제봉朴濟奉이 여쭙기를
[칠·칠 천도재薦度齋나 열반 기념의 재식을 올리는 것이
그 영에 대하여 어떠한 이익이 있나이까.]
대종사 말씀하시기를
[천지에는 묘하게 서로 응하는 이치가 있나니,
사람이 땅에 곡식을 심고 비료를 주면 땅도 무정한 것이요,
곡식도 무정한 것이며, 비료도 또한 무정한 것이언마는,
그 곡출에 효과의 차를 내나니,
무정한 곡식도 그러하거든 하물며 최령한 사람이 어찌 정성에 감응이 없으리요.

모든 사람이 돌아간 영을 위하여 일심으로 심고를 올리고 축원도 드리며

헌공도 하고 선지식의 설법도 한즉,

마음과 마음이 서로 통하고 기운과 기운이 서로 응하여,

바로 천도를 받을 수도 있고,

설사 악도에 떨어졌다 하더라도 차차 진급이 되는 수도 있으며,

또는 전생에 많은 빚을 지고 갔을지라도

헌공금獻貢金을 잘 활용하여 영위의 이름으로 공중 사업을 하여 주면

그 빚을 벗어 버리기도 하고

빚이 없는 사람은 무형한 가운데 복이 쌓이기도 하나니,

이 감응되는 이치를 다시 말하자면

전기와 전기가 서로 통하는 것과 같다 하리라.]

『대종경』「천도품」 29장

- **천도재 薦度齋** : 열반인의 명복을 빌고, 영가靈駕로 하여금 악도를 놓고 선도로 진급하도록 기원하는 의식. 천도재는 보통 열반 후 7일만에 초재를 지내고 2재에서 6재를 거쳐 마지막 7재인 49일에 종재終齋를 지낸다. 그러나 열반한지 오래된 경우에 지내기도 하고, 업장이 두터워 보이는 영혼에게는 수차례 특별천도재를 지내기도 한다. 재를 주관하는 법사의 법력이나 유족 및 참석자들의 정성이 지극할수록 영가가 천도를 잘 받게 된다.
- **열반기념제 涅槃記念祭** : 선조·부모·사장師長 등이 열반한 날에 거행하는 기념 제사. 이는 자손이나 제자 된 도리로서 추모하는 정성을 바치는 동시에 열반인의 영원한 명복을 축원하기 위한 것이다. 부모나 사장의 기념제는 해당 일자에 봉행하고, 선조의 기념제는 해당 일자가 아니더라도 적당한 날짜에 합동 기념제를 거행할 수도 있다.
- **영위 靈位** : 영가를 모시는 위패 또는 그 자리. 영가의 높임 말. 상가에서 모시는 혼백의 신위神位.

어찌 정성에 감응이 없으리요 | 풀이 |

박제봉朴濟奉이 여쭙기를
[칠·칠 천도재薦度齋나 열반 기념의 재식을 올리는 것이
그 영에 대하여 어떠한 이익이 있나이까.]

누구나 할 만한 질문입니다.
천도재를 지내는 것을 보면 의문이 생길 만하기 때문입니다.
법신불 일원상(〇)이 모셔진 곳에 열반인의 위패나 영정을 봉안한 후에
재주齋主와 대중들이 법사(교무)의 인도로 독경과 축원을 하는 것 외에는
별다른 의식 절차가 없기 때문입니다.
인과의 이치를 가늠하기 힘든 입장에서는 이런 단출한 의식만으로
열반인에게 좋은 영향을 미친다는 이치를 이해하기 어렵기 때문입니다.
헌공금을 보시하는 것도 마찬가지입니다.
마치 허공에 바치는 듯한 느낌이 들 수 있습니다.

대종사 말씀하시기를
[천지에는 묘하게 서로 응하는 이치가 있나니,
사람이 땅에 곡식을 심고 비료를 주면 땅도 무정한 것이요,
곡식도 무정한 것이며, 비료도 또한 무정한 것이언마는,
그 곡출에 효과의 차를 내나니,
무정한 곡식도 그러하거든 하물며 최령한 사람이 어찌 정성에 감응이 없으리요.

소태산 대종사님은 '인과의 이치'로
'재식'이 열반인의 '영'에 '이익'이 됨을 설명해주십니다.
'천지에는 묘하게 서로 응하는 이치가 있'으니 이것이 '인과의 이치'이고,

이 이치야말로 생멸이 없는 이치라고 할 수 있습니다.
곡식과 땅이 서로 감응하는 이치를 예로 드시면서
사람의 '정성'에 따라 그 '감응'의 차이가 있음을 쉽게 설명해주십니다.

모든 사람이 돌아간 영을 위하여 일심으로 심고를 올리고 축원도 드리며
헌공도 하고 선지식의 설법도 한즉,

천도재의 주요 내용입니다.
일심으로 심고하기, 축원하기, 헌공하기와 선지식의 설법입니다.

마음과 마음이 서로 통하고 기운과 기운이 서로 응하여,

천도재의 효과가 나타나는 이치입니다.
마음과 마음은 늘 소소영령하게 서로 통하고 있습니다.
기운과 기운도 늘 호리도 틀림이 없이 서로 응하고 있습니다.
이심전심以心傳心, '동기연계同氣連契' – 『정산종사법어』「도운편」36장 이기 때문입니다.
범부와 중생들이 잘 알아차리지 못하고 있을 뿐입니다.
'통通'하고, '응應'하는 '이치'를 깨달아야 합니다.

바로 천도를 받을 수도 있고,
설사 악도에 떨어졌다 하더라도 차차 진급이 되는 수도 있으며,
또는 전생에 많은 빚을 지고 갔을지라도
헌공금獻貢金을 잘 활용하여 영위의 이름으로 공중 사업을 하여 주면
그 빚을 벗어 버리기도 하고
빚이 없는 사람은 무형한 가운데 복이 쌓이기도 하나니,

천도재의 효과를 알려주십니다.
바로 천도를 받아 악도에 떨어져 강급하지 않게 하는 효과가 있지만,

'악도에 떨어졌다 하더라도' 점차적으로 '진급'이 되게 하고,
헌공금으로 전생의 '빚을 벗어 버리'게도 한다고 하십니다.
물론 빚이 없는 사람은 '복'을 쌓이주는 효과가 있다고 요약해서 알려주십니다.

이 감응되는 이치를 다시 말하자면
전기와 전기가 서로 통하는 것과 같다 하리라.]

대종사님께서 자세한 설명을 하신 후에
다시 쉬운 비유로 핵심을 드러내 주십니다.
'감응되는 이치'가 '전기와 전기가 서로 통하는 것과 같다'라고.

인과의 이치를 철저히 깨달으신 부처님들은
이 세상의 모든 것들이 서로 '통'하고 '응'하고 있음을 여실히 보십니다.
한 물건, 한 마음, 한 기운이 서로 통하고 응하고 있는 것입니다.
그래서 한 마음 내고 거두는 것이 중요하고, 행동 하나하나가 중요한 것입니다.
인과의 이치를 알면 세상 만물의 '관계'를 파악하게 되고,
만물이 서로에게 미치는 영향을 알게 됩니다.
세상에 헛된 것은 아무것도 없음을 알게 됩니다.
천도재라는 거룩한 의식의 효험을 의심하는 일도 없게 됩니다.

나의 마음공부

• 나는 천도재가 열반인의 영靈에 미치는 효과를 잘 알고 있나요?

• 나는 천지에 '묘하게 서로 응하는 이치'가 있음을 잘 알고 있나요?

• 나는 '마음과 마음이 서로 통하고 기운과 기운이 서로 응'하는 것을 잘 알고 있나요?

• 나는 '헌공금獻貢金을 잘 활용하여 영위의 이름으로 공중 사업'을 하는 이유를 알고 있나요?

30

한 제자 여쭙기를
[예로부터 자녀나 친척이나 동지된 사람이 자기 관계인의 영을 위하여
혹 불전에 헌공도 하고 선지식을 청하여 설법과 송경도 하게 하옵는 바
그에 따라 어떠한 효과가 나타나오며
그 정성과 도력의 차등에 따라 그 효과에 어떠한 차이가 있사오리까.]

대종사 말씀하시기를
[영을 위하여 축원을 올리고 헌공을 하는 것은 그 정성을 표함이니,
지성이면 감천으로 그 정성의 등급을 따라 축원한 바 효과가 나타나게 되는 것이며,
또는 설법을 하여 주고 송경을 하여 주는 것도
당시 선지식의 도력에 따라 그 위력이 나타나는 것이니,

혹은 과거에 지은 악업을 다 받은 후에야
자기도 모르는 가운데 선도에 돌아오기도 하며,
혹은 모든 업장을 벗어나서 바로 선도에 돌아오기도 하며,
혹은 앞길 미한 중음계에서 후생 길을 찾지 못하다가 다시 찾아 가기도 하며,
혹은 잠간 착에 걸려 있다가 그 착심을 놓아 버리고
천상 인간에 자유하여 복락 수용을 하는 수도 있으나,

만일 자녀의 정성이 특별하지 못하고 선지식의 도력이 부족하다면
그 영근靈根에 별스러운 효과를 주지 못하게 되나니,
어찌하여 그런고 하면
지극한 정성이 아니면 참된 위력이 나타나지 아니하는 것이,
비하건대 농부가 농사를 지을 때에 그 정성과 역량을 다 들이지 아니하면
곡출이 적은 것과 서로 같나니라.]

『대종경』「천도품」 30장

- **영근靈根** : (1)영靈의 뿌리. 영가靈駕의 근기. 식물이 땅에 뿌리를 박고 살듯이 영가는 허공에 뿌리를 박고 있다는 뜻으로 사용하는 말. 영가의 천도받는 근기. 영가를 천도할 때 "허공법계를 통하여 진리로 재를 올리는 것이 그대로 영근에 거름이 되어 효과를 낸다"(『대종경』「천도품」32장)고 했다. (2)선조先祖가 자손의 영적인 뿌리가 된다는 뜻에서 선조를 비유하여 쓰기도 하며, 인생의 뿌리인 도덕을 가리키기도 한다.
- **도력道力** : 도를 닦아서 얻은 힘.

지성이면 감천 | 풀이 |

한 제자 여쭙기를
[예로부터 자녀나 친척이나 동지된 사람이 자기 관계인의 영을 위하여
혹 불전에 헌공도 하고 선지식을 청하여 설법과 송경도 하게 하옵는 바
그에 따라 어떠한 효과가 나타나오며
그 정성과 도력의 차등에 따라 그 효과에 어떠한 차이가 있사오리까.]

천도재의 효과에 대한 좀 더 구체적인 질문이 이어집니다.
재주의 정성, 선지식의 도력 차이에 따른 효과의 차이를 질문합니다.
소태산 대종사님의 좀 더 자세한 응답이 이어집니다.

대종사 말씀하시기를
[영을 위하여 축원을 올리고 헌공을 하는 것은 그 정성을 표함이니,
지성이면 감천으로 그 정성의 등급을 따라 축원한 바 효과가 나타나게 되는 것이며,

천도재의 핵심이 '정성'임을 알려주십니다.
'헌공'도 결국 '정성'을 표하는 방법이라고 말씀하십니다.
천도재의 효과의 차이는 정성의 차이에서 비롯된다고 설합니다.
재주 등 천도재 참가자들의 마음가짐에 유념할 대목입니다.

또는 설법을 하여 주고 송경을 하여 주는 것도
당시 선지식의 도력에 따라 그 위력이 나타나는 것이니,

설법을 하는 선지식의 도력道力 즉 법력이나 마음의 힘에 따라
위력의 차이가 발생할 수 있음을 알려주십니다.

참가자들에게는 '정성', 선지식에게는 '도력'이 중요함을 알 수 있습니다.

혹은 과거에 지은 악업을 다 받은 후에야
자기도 모르는 가운데 선도에 돌아오기도 하며,
혹은 모든 업장을 벗어나서 바로 선도에 돌아오기도 하며,

정업定業을 면할 수는 없습니다.
어떤 식으로든지 받아야 합니다.
그래야 선도善道에 돌아올 수 있는 것입니다.
비유하자면,
감옥의 죄수가 형기를 마치지 않고는 자유의 몸이 될 수 없는 것과 같습니다.
형기를 마치든지, 특별 사면을 받아서라도 감옥에서 벗어나야 하는 것과 같습니다.
업도 마찬가지입니다.
자력으로 또는 타력의 도움을 받아서라도 구업을 청산해야 비로소 새 삶이 열립니다.

혹은 앞길 미한 중음계에서 후생 길을 찾지 못하다가 다시 찾아가기도 하며,
혹은 잠간 착에 걸려 있다가 그 착심을 놓아 버리고
천상 인간에 자유하여 복락 수용을 하는 수도 있으나,

'앞길 미迷한 중음계'를 흔히 명로冥路라고도 합니다.
지혜 광명이 부족해서 중음계라는 어두운 길을 가는 것과 같기 때문입니다.
중생에게 명로冥路라면, 지혜가 밝은 불보살에게는 밝은 명로明路일 것입니다.

바른길을 안내한다고 해서 누구나 바로 바른길에 드는 것은 아닙니다.
지혜가 어둡거나 '착심'에 걸려 있으면 '후생 길'을 찾지 못합니다.
비유하자면, 길을 잘 아는 안내자가 길을 알려줘도
고집이 센 여행자는 자신의 길이 잘못된 줄 모르고 그 길로 갑니다.
고생을 거듭하고 나서야 자신의 고집이 잘못된 것임을 알게 되는 것 같습니다.

고집이 없는 사람은 안내자의 말에 따라 바로 바른길을 찾아서
쉽게 목적지에 도달할 수 있는 것과 같습니다.

소태산 대종사님은 인생길과 공부길을 이미 안내해주셨습니다.
그 안내를 따를지 말지는 듣는 사람, 여행자, 열반인에 달렸습니다.

대종사님께서는 은혜를 깨달아 감사생활을 하도록 하는 '사은사요'의 '인생의 요도',
마음을 깨달아 마음의 힘을 길러 잘 쓰도록 하는 '삼학팔조'의 '공부의 요도'를
이미 상세하게 알려주셨습니다.
살아서든 죽어서든 누구나 가야 할 가장 안전하고 빠른 길입니다.
누구나 악도에 빠지지 않고 '광대무량한 낙원'으로 갈 수 있는 넓고 편한 길입니다.

만일 자녀의 정성이 특별하지 못하고 선지식의 도력이 부족하다면
그 영근靈根에 별스러운 효과를 주지 못하게 되나니,

인과의 이치에 바탕한 말씀입니다.
천도재의 핵심이 '정성'과 '도력'이니 이들이 부족하면 효과도 적다는 말씀입니다.

어찌하여 그런고 하면
지극한 정성이 아니면 참된 위력이 나타나지 아니하는 것이,
비하건대 농부가 농사를 지을 때에 그 정성과 역량을 다 들이지 아니하면
곡출이 적은 것과 서로 같나니라.]

대종사님은 진리를 설명하시면서
'인과보응의 이치가 음양상승陰陽相勝과 같'다고 – 『정전』「일원상 법어」 하셨습니다.
농부의 정성과 역량에 따라 농사의 곡출에 차이가 나는 것이 음양의 이치라면
천도재의 정성과 도력에 따라 효과의 차이가 나는 것은 인과의 이치라고 하겠습니다.
사실은 하나의 진리에 속할 뿐입니다.

음양의 이치를 의심하지 않듯이 인과보응의 이치도 의심치 말아야 합니다.
천도재의 효과를 의심하는 것은 진리, 인과의 이치를 의심하는 것입니다.
'정성'과 '도력'에 최선을 다한 다음에 그 결과는 진리에 맡기면 됩니다.

나의 마음공부

• 나는 내 '정성'의 크기나 밀도를 어떤 기준으로 평가하나요?

• 나의 '도력道力' 또는 '법력法力', '마음의 힘'은 어느 정도인가요?

• 나는 확실하게 '공부길'과 '인생길'을 찾아서 가고 있나요?

- 나는 '지성至誠이면 감천感天'이라는 것을 경험했나요?

- 나는 자신이나 타인을 천도할 능력을 얼마나 갖추었나요?

31

서 대원이 여쭙기를

[천도를 받는 영으로서 천도 법문을 그대로 알아들을 수 있나니이까.]

대종사 말씀하시기를

[혹 듣는 영도 있고 못 듣는 영도 있으나

영가靈駕가 그 말을 그대로 알아들어서 깨침을 얻는 것보다

그 들이는 공력이 저 영혼에 쏟히어서

알지 못하는 가운데 천도의 인因이 되나니라.

그리하여 마치 파리가 제힘으로는 천리를 갈 수 없으나

천리마의 몸에 붙으면 부지중에 천리를 갈 수도 있듯이

그 인연으로 차차 법연을 찾아오게 되나니라.]

『대종경』「천도품」 31장

- **영가靈駕** : 영혼의 다른 말. 중음신中陰身의 상태로 있을 때의 사람의 영靈. 이생에서 삶을 마치고 떠난 영혼이 다음생의 생명을 받기 이전까지의 상태를 말한다. 이 기간에 영혼은 새 몸을 받을 곳을 찾아가게 되는데 이때 미혹되어 그릇된 길로 빠지지 않고 바른길을 찾도록 이끌어주기 위해 천도재를 올린다. '가駕'는 탈 것, 수레를 뜻하는 말로 영혼이 갈 길을 찾아 움직이는 존재임을 나타내기 위해 영가라고 이름 한다. 원불교에서는 천도재를 올릴 때 '아무개 영가시여'라고 외치며 영가를 불러내어 영가가 바른길을 찾도록 일깨운다.
- **공력功力** : 공들이고 애쓰는 힘.

파리가 제힘으로는 천리를 갈 수 없으나 | 풀이 |

서 대원이 여쭙기를
[천도를 받는 영으로서 천도 법문을 그대로 알아들을 수 있나니이까.]

여기서 '천도 법문'은 주로 '열반 전후에 후생 길 인도하는 법설'일 수도 있고,
천도재에서 설해지는 여러 가지 법문과 독경 내용을 의미한다고 볼 수도 있습니다.
'열반 전후에 후생 길 인도하는 법설'의 내용을 보면
'아무야 정신을 차려 나의 말을 잘 들으라',
혹은 'ㅇㅇ영가시여! 정신을 차려 부처님의 법문을 잘 들으소서.'라고 시작해서
여러 차례 영가의 이름을 부르면서 법문이 이뤄집니다.
마치 소태산 대종사님께서 열반인을 눈 앞에 두고 행하는 법문 같아 보입니다.
영혼을 대상으로 하는 천도 법문을 제3자가 옆에서 보고 있으면
이 법문의 제자와 같은 의문이 들 수 있습니다.

대종사 말씀하시기를
[혹 듣는 영도 있고 못 듣는 영도 있으나
영가靈駕가 그 말을 그대로 알아들어서 깨침을 얻는 것보다
그 들이는 공력이 저 영혼에 쏟히어서
알지 못하는 가운데 천도의 인因이 되나니라.

혹 천도 법문 내용을 그대로 알아듣는 영도 있고 그렇지 않은 영도 있다고 하십니다.
대체로는 천도 법문에 들이는 '공력功力'으로 인해 천도가 된다고 알려주십니다.
법문의 언어적 이해보다는 공력이라는 맑고 바르고 강한 기운이 영향을 미쳐서
천도의 원인이 된다고 알려주십니다.

그리하여 마치 파리가 제힘으로는 천리를 갈 수 없으나
천리마의 몸에 붙으면 부지중에 천리를 갈 수도 있듯이
그 인연으로 차차 법연을 찾아오게 되나니라.]

대종사님께서는 매우 쉬우면서도 의미심장한 비유 법문을 해주십니다.
파리가 천리마에 붙으면 자신도 모르게 천리를 갈 수 있다고.
파리는 천리마의 능력이나 목적지도 모르고 천리마의 몸에 달라붙는 것입니다.
그런데 그 작은 행동이 엄청난 결과를 가져오게 되죠.
파리의 몸으로 하루에 천 리 밖까지 갈 수 있으니까요.
범부 중생이 천도재의 '천도 법문'이라는 '천리마'의 타력에 의지하는 것만으로도
악도를 벗어나 선도로, '광대무량한 낙원'으로 옮겨갈 수 있다고 알려주십니다.
천리마가 달려가는 곳이 바로 '법연法緣'이고 '불지佛地'이기 때문입니다.

나의 마음공부

• 나는 '열반 전후에 후생길 인도하는 법설'의 내용을 잘 이해하고 있나요?

• 나는 누군가의 '공력'을 느낄 수 있나요?

• 나는 대종사님께서 비유하신 '천리마의 몸'에 붙을 수 있는 능력이 있나요?

• 나에게 '천리마'는 무엇인가요?

• 내가 지금 영가靈駕라면 내가 가고자 하는 목적지는 어디인가요?

김 대거 여쭙기를

[오늘 두 살 된 어린아이의 사십구 일 천도재를 지냈사온데
어른도 모든 의식을 다 이해하여 천도 받기가 어려울 것이어늘,
그 어린 영이 어떻게 알아듣고 천도를 받사오리까.]

대종사 말씀하시기를
[영혼에는 어른과 아이의 구별이 없나니,
천도 되는 이치가 마치 식물에 거름하는 것 같으며
지남철 있는 곳에 뭇 쇠가 딸아 붙는 것 같나니,
일체 동물은 허공계에 영근을 박고 살므로
허공 법계를 통하여 진리로 재를 올리는 것이
그대로 영근에 거름이 되어 효과를 내나니라.]

『대종경』「천도품」 32장

- **지남철 指南鐵** : 중앙 부분을 수평 방향으로 자유로이 회전할 수 있도록 한 작은 영구 자석. 자기장의 방향을 알아내는 데 쓴다. 남북 방향을 가리키는 나침반羅針盤에 쓰이는 영구 자석.(필자 주)
- **영근 靈根** : (1)영령靈의 뿌리. 영가靈駕의 근기. 식물이 땅에 뿌리를 박고 살듯이 영가는 허공에 뿌리를 박고 있다는 뜻으로 사용하는 말. 영가의 천도받는 근기. 영가를 천도할 때 "허공법계를 통하여 진리로 재를 올리는 것이 그대로 영근에 거름이 되어 효과를 낸다"(『대종경』「천도품」32장)고 했다. (2)선조先祖가 자손의 영적인 뿌리가 된다는 뜻에서 선조를 비유하여 쓰기도 하며, 인생의 뿌리인 도덕을 가리키기도 한다.

영혼에는 어른과 아이의 구별이 없나니 | 풀이 |

김 대거 여쭙기를
[오늘 두 살 된 어린아이의 사십구 일 천도재를 지냈사온데
어른도 모든 의식을 다 이해하여 천도 받기가 어려울 것이어늘,
그 어린 영이 어떻게 알아듣고 천도를 받사오리까.]

어른이 되어 열반한 영가가 천도 법문을 이해하기도 어려울 것 같은데,
두 살의 어린아이 영가가 과연 천도 관련 내용을 이해할 것인가에 대한 질문입니다.
두 살 어린이는 생시에 부모의 말도 다 알아듣기 어려운 나이이기 때문입니다.

대종사 말씀하시기를
[영혼에는 어른과 아이의 구별이 없나니,

생시의 어른과 아이는 나이를 먹음에 따라 알음알이의 수준이 크게 차이가 납니다.
인식이나 지식, 감수성 등 여러 면에서 큰 차이가 나는 것이 당연합니다.
하지만 '영혼'으로서의 어른과 아이가 천도 되는 데는 '구별이 없'다고 확언하십니다.

천도 되는 이치가 마치 식물에 거름하는 것 같으며
지남철 있는 곳에 뭇 쇠가 딸아 붙는 것 같나니,

앞서 다른 법문에서도 비유로 설하신 바와 같이
'식물'에 '거름'하는 것 같다고 하시고,
'지남철' 즉 자석에 '쇠'가 붙는 것과 같다고 설명해주십니다.
'거름'이 말을 하지 않고, '지남철'도 쇠를 설득하지는 않습니다.
'마음과 마음이 서로 통하고 기운과 기운이 서로 응'-「천도품」29장 할 뿐입니다.

거름의 영양가가 식물의 성장에 영향을 주고
지남철의 자성(磁性)이 인력(引力)을 좌우하듯이
법사의 도력(道力)이나 제주의 공력(功力)이 천도의 효력을 좌우합니다.

'그 들이는 공력이 저 영혼에 쏟히어서 알지 못하는 가운데 천도의 인(因)이 되나니라.'
라는 「천도품」 31장 법문과 같습니다.

일체 동물은 허공계에 영근을 박고 살므로
허공 법계를 통하여 진리로 재를 올리는 것이
그대로 영근에 거름이 되어 효과를 내나니라.]

앞에서 든 예가 식물과 무생물인 지남철이었다면
이제는 '일체 동물'의 천도 되는 이치를 설명하십니다.
거름이 식물에 영향을 미치는 인과의 이치와 같이
'진리로 재를 올리는 것'이 '일체 동물'에게 천도의 효과를 낸다고 설하십니다.

이미 대종사님께서는 『대종경』 「인과품」 3장에서
"식물들은 뿌리를 땅에 박고 살므로 그 씨나 뿌리가 땅속에 심어지면 시절의 인연을 따라 싹이 트고 자라나며, 동물들은 하늘에 뿌리를 박고 살므로 마음 한 번 가지고 몸 한 번 행동하고 말 한 번 한 것이라도 그 업인(業因)이 허공 법계에 심어져서, 제 각기 선악의 연(緣)을 따라 지은 대로 과보가 나타나나니, 어찌 사람을 속이고 하늘을 속이리요." 라고 인과의 이치를 설하신 바 있습니다.

제자들은 사람 눈에 보이지 않는 천도의 인과관계를 대종사님께 질문하고
대종사님은 여러 가지 예화를 들어 인과의 이치에 예외가 없다고 설하십니다.

천도재를 잘 모시려면 인과의 이치에 대한 확신과 깨달음이 전제되어야 합니다.

나의 마음공부

• 나의 '영혼'이 유년기와 성인기에 어떤 차이가 있는지를 관조해봅니다.

• 나를 '지남철'에 비유한다면 나는 얼마나 강한 자력磁力을 가졌나요?

• 내가 '못 쇠'라면 나는 어떤 '지남철'에 따라붙고 있나요?

• 나는 내 '영근'에 어떻게 '거름'을 하고 있나요?

33

또 여쭙기를
[그렇게 재를 올리오면 각자의 평소에 지은 바 죄업이
그 경중을 물론하고 일시에 소멸되어 천도를 받게 되나이까.]

대종사 말씀하시기를
[각자의 업의 경중과 기념주의 정성과 법사의 도력에 따라서
마치 태양이 얼음을 녹이는 것과 같이 일시적으로 녹일 수도 있고,
오랜 시일이 걸릴 수도 있으나,
재를 올리는 공이 결코 헛되지는 아니하여
반드시 그 영혼으로 하여금 선연을 맺게 하여 주나니라.]

『대종경』「천도품」 33장

재를 올리는 공이 결코 헛되지는 아니하여 | 풀이 |

또 여쭙기를
[그렇게 재를 올리오면 각자의 평소에 지은 바 죄업이
그 경중을 물론하고 일시에 소멸되어 천도를 받게 되나이까.]

질문이 이어집니다.
천도재를 올리면 열반인의 '죄업의 경중輕重'과 관계없이
그 업이 '일시에 소멸' 되어 천도를 받을 수 있느냐는 질문입니다.

대종사 말씀하시기를
[각자의 업의 경중과 기념주의 정성과 법사의 도력에 따라서
마치 태양이 얼음을 녹이는 것과 같이 일시적으로 녹일 수도 있고,
오랜 시일이 걸릴 수도 있으나,

소태산 대종사님께서 또다시 쉬운 비유를 들어서 알려주십니다.
'기념주의 정성과 법사의 도력'을 태양의 햇볕에,
영가의 '업'은 '얼음'에 비유하십니다.
큰 얼음은 햇볕에 오래 쐬어야 하고,
작은 얼음은 가벼운 햇볕에도 쉽게 녹을 것입니다.
중한 업을 일시적으로 녹이기는 힘듭니다.

재를 올리는 공이 결코 헛되지는 아니하여
반드시 그 영혼으로 하여금 선연을 맺게 하여 주나니라.]

그렇다면 중한 업을 가진 영가를 위한 천도재는 헛된 것일까요?

혹여라도 그렇게 생각할까봐 대종사님께서 단언하십니다.
'재를 올리는 공이 결코 헛되지는 아니하'다고.
'반드시' 선연을 맺게 해줄 것이라고 확언하십니다.

인과의 세계는 매우 엄밀합니다. 대종사님은 『대종경』「인과품」 4장에서
'진리를 따라 호리도 틀림이 없어서 선악간 지은대로 역연히 보응'한다고 하셨습니다.
찰나의 한 마음, 아무도 모르는 행동 하나도 '결코 헛되지 아니하'니,
어느 천도재라도 영험한 씨앗(因)이 되어 '반드시 선연을 맺게'(果)할 것입니다.
유무를 초월한 소소영령한 인과의 이치를 설하십니다.
인과보응 이치에 대한 굳은 믿음이 천도재의 기초입니다.

나의 마음공부

- 나는 '업'을 '소멸'하는 방법을 잘 알고 있나요?

- 나는 '재를 올리는 공이 결코 헛되지 아니'함을 확실히 알거나 믿나요?

- 나는 '선연'을 맺기 위해 어떤 공을 들이고 있나요?

- 나는 '평소'에 어떤 '업'을 짓고 있나요?

34

또 여쭙기를
[천도재를 어찌 사십구 일로 정하였나이까.]
대종사 말씀하시기를
[사람이 죽으면 대개 약 사십구 일 동안 중음에 어렸다가
각기 업연業緣을 따라 몸을 받게 되므로
다시 한번 청정 일념을 더하게 하기 위하여,
과거 부처님 말씀을 인연하여 그날로 정해서 천도 발원을 하는 것이나,
명을 마친 즉시로 착심을 따라 몸을 받게 되는 영혼도 허다하나니라.]

『대종경』「천도품」34장

- 업연 業緣 : 업보를 불러오는 인연. 중생이 받는 과보는 다 업에 따라서 이루어지게 되고, 과보에는 반드시 과보를 가져오는 업연이 있다. 업은 업연을 따라 업과가 되고, 업과는 다시 업연을 따라 새로운 업을 지어서 끊임없이 유전하여 윤회를 계속하게 된다. 선연은 상생의 업보를 가져오고, 악연은 상극의 업보를 가져오게 된다. 따라서 악연을 멀리하고 선연을 짓도록 노력해야 한다. 소태산 대종사는 "혹 악한 인연이 있어서 나에게 향하여 옛 빚을 갚는다 하여도 나는 도심으로 상대하여 다시 보복할 생각을 아니한즉 그 업이 자연 쉬어질 것이며, 악과를 받을 때에도 마음가운데 항상 죄업이 돈공한 자성을 반조하면서 옛 빚을 청산하는 생각으로 모든 업연을 풀어간다면 그러한 심경에는 천만 죄고가 화로에 눈 녹듯하다"(『대종경』「인과품」9장)라고 했다.
- 중음 中陰 : 사람이 죽은 뒤 다음 생의 몸을 받아 날 때까지의 영혼의 상태. 중유中有·중온中蘊이라고도 한다. 죽는 순간(死有)부터 다음의 생을 받기(生有)까지의 존재(有)와 비존재(無)의 중간적 상태로서 『능가경』·『구사론』 등에서 윤회의 과정을 설명하기 위해 사용한 개념이다. 사람이 죽은 뒤 49일 동안은 중음의 상태로 있다가 다음 생의 몸을 받게 된다는 설에서 발전하여 사후 7일마다 독경을 하며 명복을 빌고, 7번째가 되는 49일째에 천도재를 올리는 불교 의례가 생겨났다.

천도재를 어찌 사십구 일로 정하였나이까 | 풀이 |

또 여쭙기를
[천도재를 어찌 사십구 일로 정하였나이까.]

천도재를 흔히 '49재'라고 칭하기도 합니다.
7일마다 7회의 재를 거행해서 49일간 천도에 정성을 다하기 때문입니다.
각 재의 이름이 초재, 2·7재, 3·7재, 4·7재, 5·7재, 6·7재, 종재 등으로 불리는 것도
이런 이유입니다.
이렇게 49일을 기준으로 삼는 이유를 제자가 질문합니다.

대종사 말씀하시기를
[사람이 죽으면 대개 약 사십구 일 동안 중음에 어렸다가
각기 업연業緣을 따라 몸을 받게 되므로

이런 내용은 소태산 대종사님의 독창적 교설이 아닙니다.
불교의 오래된 생사론에 바탕한 교설입니다.
열반인의 '영혼'이,
'49일' 정도,
'중음에 어렸다가',
'각기 업연을 따라',
'몸을 받게' 된다는 이론입니다.
천도재를 올리는 이유가 되는 불교적 생사윤회론의 뼈대입니다.
49일 동안 정성을 다해서 영혼에 선한 영향을 주려고 노력하는 이유입니다.
이 또한 큰 틀에서는 '인과보응의 이치'에 근거합니다.

다시 한번 청정 일념을 더하게 하기 위하여,
과거 부처님 말씀을 인연하여 그날로 정해서 천도 발원을 하는 것이나,
명을 마친 즉시로 착심을 따라 몸을 받게 되는 영혼도 허다하나니라.]

49일 즈음에 영가가 새로운 몸을 받게 되니 천도 정성도 그날이 기준이 됩니다.
7일마다 천도재를 지내지만 가장 정성을 많이 들이는 날은 49일째 되는 날입니다.
그런데 영가(영혼)가 반드시 49일째 새 몸을 받는 것은 아니라고 알려주십니다.
'착심'으로 인해 '명을 마친 즉시' 몸을 받는 영혼도 많다고 하십니다.
영혼의 힘은 약하고 생전에 지은 착심의 힘은 강하기 때문입니다.
부처님의 가르침대로 늘 '착심'을 경계해야 할 이유입니다.

또한 그 반대로 49일이 지나도 자유롭게 '몸'을 받지 않는 경우도
말씀하신 바 있습니다.
대종사님은 「불지품」16장에서
'심신의 자유를 얻어서 삼계의 대권을 잡고 만상의 유무와 육도의 윤회를 초월하여
육신을 받지 아니하고 영단(靈丹)만으로 시방 세계에 주유할 수도 있'다고 하여
몸을 받지 않고 영단의 상태로 자유를 누리는 경지가 있음을 알려주셨습니다.

「천도품」 36장에 의하면 '십이인연(十二因緣)에 끌려다니'는 영혼도 있고,
'십이인연(十二因緣)을 임의로 궁글리고 다니'는 자유로운 영혼도 있는 것입니다.
마음공부를 잘해야 마음의 자유를 얻고
마음의 자유를 얻어야 생사 거래의 자유도 얻을 수 있는 것입니다.

'착심'이란 마음이 어딘가에 묶인 상태를 의미하고
'착심'이 있다는 것은 마음이 이미 자유를 잃었음을 의미합니다.
착심을 만든 주체도 자신이요 착심에 의해 끌려가는 것도 자신입니다.
한 마음 한 마음이 쌓이고 쌓여 착심이 되는 것이니
평소에 짓는 한 마음 한 마음에 유념하고 주의해야 합니다.

평소에 조심한다면 죄업이 쌓일 일도 없을 것이고
'명을 마친 즉시로 착심을 따라 몸을 받게 되는' 두려운 일도 피할 수 있을 것입니다.
49일간 올리는 천도재도 중요하지만
평소의 생활과 마음공부가 더 중요한 이유입니다.
'다시 한번 청정 일념을 더하게 하기 위하여' 천도재를 올리는 것이니,
평소의 마음가짐과 생활이 '청정'하다면 생전에 자신 천도를 하는 셈입니다.

나의 마음공부

• 내가 죽는다면 '명을 마친 즉시로 착심을 따라 몸을 받게 되는 영혼'이 되지 않을 수 있나요?

• 나의 '업연'은 무엇이고 그 '업연'은 나를 중음계 어디로 이끌고 갈까요?

• 나는 중음계에서 마음을 챙길 수 있을까요?

• 나는 생사 거래에 자유할 수 있는 마음의 힘을 갖추었나요?

35

또 여쭙기를
[열반경涅槃經에 이르시기를
"전생 일을 알고자 할진대 금생에 받은 바가 그것이요,
내생 일을 알고자 할진대 금생에 지은 바가 그것이라"고 하였사온데,
금생에 죄 받고 복 받는 것을 보오면
그 마음 작용하는 바는 죄를 받아야 마땅할 사람이
도리어 부귀가에서 향락 생활을 하는 수가 있삽고,
또는 그 마음이 착하여 당연히 복을 받아야 할 사람이
도리어 빈천한 가정에서 비참한 고통을 받는 수가 있사오니,
인과의 진리가 적확하다 할 수 있사오리까.]

대종사 말씀하시기를

[그러므로 모든 불조들이 최후 일념을 청정하게 가지라고 경계하셨나니,

이생에서 그 마음은 악하나 부귀를 누리는 사람은

전생에 초년에는 선행을 하여 복을 지었으나

말년에는 선 지을 것이 없다고 타락하여 악한 일념으로 명을 마친 사람이며,

이생에 마음은 선하나 일생에 비참한 생활을 하는 사람은

전생에 초년에는 부지중 악을 지었으나

말년에는 참회 개과하여 회향回向을 잘 한 사람이니,

이와같이 이생의 최후 일념은 내생의 최초 일념이 되나니라.]

『대종경』「천도품」35장

- **전생 前生** : 삼생三生의 하나. 이 세상에 태어나기 이전의 생애. 전세.
- **금생 今生** : 전생·현생(금생)·내생의 삼생 중 하나. 이생.(필자 주)
- **초년 初年** : 일생의 초기. 여러 해 걸리는 어떤 일의 첫 시절.
- **말년 末年** : 한 사람의 삶에서 그 끝 무렵. 어떤 시기의 마지막 무렵.
- **회향 回向·廻向** : (1)회전취향廻轉趣向의 준말. 원어명은 파리아마나(pariamana). 스스로 쌓은 선근善根 공덕功德을 다른 사람에게 돌려 자타自他가 함께 불과佛果의 성취를 기하려는 것. (2)자기의 선행을 돌려 중생의 극락왕생에 이바지 하는 것. 회향은 주로 법회·독경·염불·보시 등으로 한다. 이러한 사상의 성립 근거는 일체의 중생을 이익되게 하고 보리(菩提:깨달음)를 이루게 한다는 이타체他가 없이는, 자신의 보리를 이룬다고 하는 자리自利가 없다는 사상, 즉 이타가 곧 자리라고 하는 대승불교의 근본정신에 있다. 『대승의장大乘義章』에서는 중생회향·보리회향·실제회향의 세 가지로 설명하고 있다. 이는 모두 자비관의 발로라고 할 수 있다. (3)얼굴을 돌려 다른 쪽으로 향하게 하는 것.

이생의 최후 일념 | 풀이 |

또 여쭙기를
[열반경涅槃經에 이르시기를
"전생 일을 알고자 할진대 금생에 받은 바가 그것이요,
내생 일을 알고자 할진대 금생에 지은 바가 그것이라"고 하였사온데,

지은 대로 받는다는 인과보응의 이치를 삼세에 적용하면
『열반경』의 말씀과 같게 됩니다.
전생에 지은 것을 금생에 받고, 금생에 지은 대로 내생에 받게 되기 때문입니다.
전생前生·금생今生(현생現生)·내생來生을 하나로 보는 관점의 당연한 귀결입니다.

금생에 죄 받고 복 받는 것을 보오면
그 마음 작용하는 바는 죄를 받아야 마땅할 사람이
도리어 부귀가에서 향락 생활을 하는 수가 있삽고,
또는 그 마음이 착하여 당연히 복을 받아야 할 사람이
도리어 빈천한 가정에서 비참한 고통을 받는 수가 있사오니,
인과의 진리가 적확하다 할 수 있사오리까.]

그런데 이같은 믿음에 의문을 가지게 하는 현상에 대해 제자가 질문을 합니다.
인과보응의 이치를 신앙하는 이들이 흔히 갖는 의문이기도 합니다.
요컨대, 선인선과 악인악과가 인과의 이치인데 현실은 그렇지 않은 것이죠.
죄벌을 받을 사람이 복락을 누리고, 복락을 받을 사람이 고통을 받기 때문입니다.
'인과의 진리'를 의심하게 되는 이유입니다.
불교 교리의 정곡을 찌르는 질문입니다.

대종사 말씀하시기를
[그러므로 모든 불조들이 최후 일념을 청정하게 가지라고 경계하셨나니,

소태산 대종사님께서는 '최후最後 일념一念'에서 답을 찾아주십니다.
내생을 결정 짓는 업연으로서 평생의 업과 '최후의 일념'을 꼽으십니다.
이생에서의 최후의 일념이 내생에서 최초의 일념이 된다고 알려주십니다.

이 말씀은 「천도품」 11장에서 "사람의 영식이 이 육신을 떠날 때에 처음에는 그 착심을 좇아 가게 되고, 후에는 그 업을 따라 받게 되어 한없는 세상에 길이 윤회하나니, 윤회를 자유하는 방법은 오직 착심을 여의고 업을 초월하는 데에 있나니라."라고 설하신 내용과 상통하는 내용입니다.

가만히 생각해보면 '업'과 '최후 일념'이 서로 다른 게 아닙니다.
'최후 일념'은 매우 강한 '최후의 업'이 되는 셈입니다.
내생에 영향을 미칠 업 가운데서도 가장 강력한 업이라고 할 수 있습니다.

이생에서 그 마음은 악하나 부귀를 누리는 사람은
전생에 초년에는 선행을 하여 복을 지었으나
말년에는 선 지을 것이 없다고 타락하여 악한 일념으로 명을 마친 사람이며,

그래서 '악한 일념'으로 최후 일념을 삼은 사람은
'악한 일념'으로 다음 생을 시작하게 되어 '마음은 악'한 사람으로 살기 시작하고,
전생에 지은 업은 그대로 받게 되니 악하지만 복을 받는 사람이 되는 것입니다.
인과의 이치 그대로 '적확'한 설명입니다.

이생에 마음은 선하나 일생에 비참한 생활을 하는 사람은
전생에 초년에는 부지중 악을 지었으나
말년에는 참회 개과하여 회향回向을 잘 한 사람이니,

이와같이 이생의 최후 일념은 내생의 최초 일념이 되나니라.]

반대의 경우도 마찬가지입니다.
'참회 개과'한 최후 일념이 '내생의 최초 일념'이 되어 착한 사람으로 태어납니다만,
'전생', '초년'에 '부지중 악'을 지은 대로 내생에 '비참한 생활'을 하는 것입니다.
여기서도 인과보응의 이치는 호리도 틀림이 없습니다.

언뜻 보기에는 인과의 이치에 어긋나는 삶의 현상들이라고 할 수 있는데
대종사님의 설명을 들으면 아주 쉽게 의문점들이 풀리고
적확한 인과보응의 이치에 대한 믿음을 더욱 견고하게 할 수 있습니다.

나의 마음공부

• 나는 '전생'을 탓한 적이 있나요?

• 나는 '내생'을 얼마나 걱정하나요?

• 내 '금생'을 보면서 '전생'을 짐작해봅니다.

• 내 '금생'을 보면서 '내생'을 짐작해봅니다.

• 나는 '최후 일념'을 어떻게 챙길 것인가요?

36

또 여쭙기를
[사람이 죽은 후에는 유명幽明이 서로 다르온데
영식만은 생전과 다름없이 임의로 거래할 수 있나이까.]
대종사 말씀하시기를
[그 식심識心만은 생전 사후가 다름이 없으나
오직 탐·진·치에 끌린 영과 탐·진·치를 조복 받은 영이
그 거래에는 다름이 있나니,

탐·진·치에 끌린 영은
죽어 갈 때에 착심에 묶인 바가 되어 거래에 자유가 없고,
무명의 업력에 가리워서 착심 있는 곳만 밝으므로 그곳으로 끌려가게 되며,
몸을 받을 때에도 보는 바가 모두 전도되어,
축생과 곤충 등이 아름답게도 보여서 색정色情으로 탁태하되
꿈꾸는 것과 같이 저도 모르게 입태하며,
인도 수생의 부모를 정할 때에도 색정으로 상대하여 탁태하게 되며,
혹 무슨 결정보決定報의 원을 세웠으나 사람 몸을 받지 못할 때에는
축생이나 곤충계에서 그에 비슷한 보를 받게도 되어,
이와 같이 생사에 자유가 없고 육도 윤회에 쉴 날이 없이 무수한 고를 받으며,
십이 인연十二因緣에 끌려 다니나니라.

그러나, 탐·진·치를 조복 받은 영은
죽어 갈 때에 이 착심에 묶인 바가 없으므로 그 거래가 자유로우며,
바르게 보고 바르게 생각하여 정당한 곳과 부정당한 곳을 구분해서
업에 끌리지 않으며,

몸을 받을 때에도 태연자약하여 정당하게 몸을 받고,
태중에 들어갈 때에도 그 부모를 은의로 상대하여 탁태되며,
원을 세운 대로 대소사간에 결정보를 받게 되어,
오직 생사에 자유하고 육도 윤회에 끌리는 바가 없이
십이 인연을 임의로 궁글리고 다니나니라.]

『대종경』「천도품」36장

- 유명幽明 : 어둠과 밝음. 저승과 이승.
- 12인연十二因緣 : 불교의 중요한 기본 교리의 하나로 십이연기·십이지연기十二支緣起라고도 하며, 12지 곧 12항목으로 된 연기의 원리. 중생 세계의 삼세에 대한 미혹迷의 인과를 열두 가지로 나누어 설명하는 말. 과거에 지은 업에 따라서 현재의 과보를 받고, 현재의 업을 따라서 미래의 고苦를 받게 되는 열두 가지 인연을 말한다. 십이인연법 또는 십이연기법十二緣起法이라고도 한다. 중생과 세계가 생겨나는 이치를 말한 것으로 모든 것은 인연으로부터 일어났다가 인연이 다하면 멸한다는 뜻. 연기의 법칙은 "이것이 있으면 그것이 있고 이것이 없으면 그것도 없다"라고 하는 '이것'과 '그것'의 두 개 항목에 대해서 그 두 가지가 연기관계緣起關係에 있다고 하는 상태를 나타내는 것이다. 십이연기는 다음과 같다.
  ① 무명無明:미迷의 근본이 되는 무지無知. ② 행行:무지로부터 다음의 의식작용을 일으키게 되는 동작.
  ③ 식識:의식작용. ④ 명색名色:이름만 있고 형상이 없는 마음과, 형상이 있는 물질. 곧 사람의 몸과 마음.
  ⑤ 육입六入:안·이·비·설·신·의의 육근六根. ⑥ 촉觸:육근이 사물에 접촉하는 것.
  ⑦ 수受:경계로부터 받아들이는 고통, 또는 즐거움의 감각. ⑧ 애愛:고통을 버리고 즐거움을 구하려는 마음.
  ⑨ 취取:자기가 욕구하는 것을 취하는 것. ⑩ 유有:업業의 다른 이름. 다음 세상의 과보를 불러올 업.
  ⑪ 생生:몸을 받아 세상에 태어나는 것. ⑫ 노사老死:늙어서 죽게 되는 괴로움.
  이 십이인연의 전개 순서를 무명이 있기 때문에 행이 있고, 행이 있기 때문에 식이 있고…, 생이 있으면 노사가 있다고 보는 입장을 순관順觀이라 한다. 이와 반대로 무명이 없으면 행도 없고, 행이 없으면 식도 없고…생이 없으면 노사도 없다는 것과 같이 부정적으로 보는 입장을 역관逆觀이라 한다. 십이인연은 석가모니불이 대각한 내용이라고 전해오고 있고, 불교의 기본 교리의 하나로 널리 알려져 있다. 십이인연의 내용해석에 있어서 찰나에 십이인연이 다 들어 있다는 설도 있고, 삼세에 걸쳐 십이인연이 전개된다는 설도 있다.
  원시불교의 전통적인 해석은 삼세양중三世兩重 인과설이다. 무명과 행을 과거 2인(因), 식·명색·육입·촉·수를 현재 5과(果), 애·취·유를 현재 3인(因), 생·로사를 미래 2과(果) 라 해서 삼세를 말하는 것이다. 정산종사는 "십이연기는 부처님이나 중생이나 다 같이 수생受生하는 과정이지마는 부처님은 그 이치와 노정路程을 알기 때문에 매하지 아니함이 다르며, 그중에서도 현재 삼인三因인 애와 취와 유에 특별한 공부가 있다. 부처님은 천만 사물을 지어나갈 때에 욕심나는 마음으로 갈애渴愛하거나 주착하지 아니하며, 또한 갈애하고 주착하는 마음으로 취하지 아니하고, 또한 모든 업을 짓기는 하되 그 업에 주착하는 마음은 있지 아니하나니, 그러므로 일체 모든 업이 청정하여 윤회에 미혹되지 아니하고 윤회를 능히 초월하는 것이다"-(『정산종사법어』「경의편」45장)라고 하여 십이인연을 실제적으로 해석하고 있다. 〈金道公 교무〉-「원불교대사전」
- 결정보決定報 : 과보를 받는 것과 과보를 받는 과정이 결정되고, 그 시기까지도 완전히 결정된 행업行業. 과거에 지은 업은 무겁고 먼저 지은 것부터 차례로 받게 된다.
- 조복調伏 : 몸과 마음을 고르게 하여 여러 가지 악행을 굴복시킴.
- 은의恩誼 : 은혜로운 정. 은혜와 덕의. 갚아야 할 의리 있는 은혜. 사람과 사람이 서로 은의로 대하게 되면 상생상화의 선연이 맺어진다.

탐·진·치에 끌린 영 | 풀이 |

또 여쭙기를
[사람이 죽은 후에는 유명幽明이 서로 다르온데
영식만은 생전과 다름없이 임의로 거래할 수 있나이까.]
대종사 말씀하시기를
[그 식심識心만은 생전 사후가 다름이 없으나
오직 탐·진·치에 끌린 영과 탐·진·치를 조복 받은 영이
그 거래에는 다름이 있나니,

죽음 이후 영식靈識(영혼)의 거래에 대한 질문입니다.
소태산 대종사님께서는 생전의 식심識心과 사후의 식심이 다름이 없다고 하십니다.
하지만 탐·진·치에 끌려가느냐 마느냐의 차이는 있다고 알려주십니다.

탐·진·치에 끌린 영은
죽어 갈 때에 착심에 묶인 바가 되어 거래에 자유가 없고,
무명의 업력에 가리워서 착심 있는 곳만 밝으므로 그곳으로 끌려가게 되며,

먼저 '탐·진·치에 끌린 영'의 거래에 대해 알려주십니다.
이런 영은 '착심着心'에 '끌려가게' 된다고 하십니다.
'무명無明' 즉, 어두움에 가려서 자성의 광명이 빛을 잃은 상태에서
'착심 있는 곳만 밝'게 보고 그곳으로 가게 된다고 하십니다.
원만하게 두루두루 보지 못하고 편착된 곳에 이끌려서 거기로 가는 것입니다.
여기서 '무명'이란 물리적 무명이 아니라 마음의 무명이니
탐·진·치의 '업력'에 가려져서 생기는 마음의 어둠입니다.

비유하자면, 술에 착심이 있는 술꾼에게는 유난히 술집이 돋보이는 것과 같습니다.
술집 말고도 다른 장소들이 많지만 결국 술꾼은 술집을 향하게 되는 것입니다.
탐욕, 성내는 마음, 어리석음에 마음눈이 가리면 마음의 행로가 바뀌게 되고
그 사람의 행로도 바뀌고 운명도 바뀌는 것과 같은 이치입니다.
생전의 술꾼이 거래하는 이치나 사후의 영혼이 거래하는 이치가 같은 것입니다.

몸을 받을 때에도 보는 바가 모두 전도되어,
축생과 곤충 등이 아름답게도 보여서 색정色情으로 탁태하되
꿈꾸는 것과 같이 저도 모르게 입태하며,

대종사님은 앞서서 '탐·진·치에 끌린 영'은 '착심 있는 곳만 밝'다고 하셨습니다.
요컨대, 온전히, 제대로, 원만하게 보지 못한다는 의미입니다.
이 법문에서는 '보는 바가 모두 전도顚倒'된다고 하셨습니다.
뒤바뀌어 보이고, 뒤집어 보인다는 뜻입니다.

사람 몸을 받아 태어나야 할 중요한 때에
영식이 제대로 인식하지 못하고 전도된 인식을 하니,
사람을 축생이나 곤충으로 보고,
축생이나 곤충을 사람으로 뒤바꿔서 볼 수 있다는 말씀입니다.
축생이나 곤충에게 색정을 느끼는 실수를 하게 된다고 알려주십니다.

더구나 '꿈꾸는 것과 같이'라는 것은
소소영령한 자성의 광명이 빛을 발하지 못하는 어둠의 상태를 의미하고,
'저도 모르게 입태'한다는 것은
온전하고 또렷한 마음 상태에서 자기 마음대로 거래하는 것이 아니라
혼몽한 상태에서 누군가의 몸에 새생명으로 착상하게 된다는 것입니다.
자기 의지가 결여된 상태에서 업에 따라 무명에 따라 윤회를 하는 것입니다.

인도 수생의 부모를 정할 때에도 색정으로 상대하여 탁태하게 되며,

사람으로 탁태될 때에도 영혼의 마음가짐이 '색정'에 의할 수 있다고 합니다.
이런 경우에는 죽을 때도 착심에 물든 상태이고
새 몸을 받을 때도 색정에 물든 상태이니 결과가 좋을 수 없습니다.

혹 무슨 결정보決定報의 원을 세웠으나 사람 몸을 받지 못할 때에는
축생이나 곤충계에서 그에 비슷한 보를 받게도 되어,

더구나 후생에 태어나고 싶은 장소나 인연을 특정해서 원을 세웠는데
다른 변수로 인해 이뤄지지 않아서 '사람 몸을 받지 못할 때'는
축생이나 곤충으로 태어날 수 있다는 무서운 경계의 말씀입니다.

"근래 사람들이 혹 좋은 묘터를 미리 잡아 놓고 거기에 자기가 묻히리라는 생각을 굳게
가지는 수가 더러 있으나, 그러한 사람은 명을 마치는 찰나에 영식이 바로 그 터로
가게 되어 그 주위에 인도 수생의 길이 없으면 부지중 악도에 떨어져서 사람 몸을
받기가 어렵게 되나니 어찌 조심할 바 아니리요." -「천도품」20장 라는 법문과 상통합니다.

이와같이 생사에 자유가 없고 육도 윤회에 쉴 날이 없이 무수한 고를 받으며,
십이인연十二因緣에 끌려 다니나니라.

'탐·진·치에 끌린 영은 죽어 갈 때에 착심에 묶인 바가 되어 거래에 자유가 없고'
라는 법문 자체가 답인 셈입니다.
'끌린', '묶인', '거래에 자유가 없고'라는 표현들이
생사 거래의 이치를 오롯이 드러내고 있습니다.
생사 거래의 과정에 대한 불교의 이론이 십이인연법입니다.
이 인연법에도 '끌려' 다니지 말라는 가르침입니다.

그러나, 탐·진·치를 조복 받은 영은
죽어 갈 때에 이 착심에 묶인 바가 없으므로 그 거래가 자유로우며,
바르게 보고 바르게 생각하여 정당한 곳과 부정당한 곳을 구분해서
업에 끌리지 않으며,

이제는 반대로 '탐·진·치에 끌린 영'이 아니라
'탐·진·치를 조복 받은 영'에 대한 설명입니다.
탐·진·치를 이겨냈으니 그 업력으로부터 벗어난 것이고,
착심에 묶일 일도 없으니, 무엇에 '끌려 갈' 일도 없습니다.
편착되게 보고 잘못된 판단을 하고 그릇된 취사를 할 일도 없습니다.
『정전』「일원상 법어」에서
'이 원상은 눈을 사용할 때 쓰는 것이니 원만구족한 것이며 지공무사한 것이로다.'
라고 설하신 바와 같습니다.
'무명의 업력에 가리워서 착심 있는 곳만 밝'을 일이 없을 것이고,
'보는 바가 모두 전도'될 일도 없고,
'축생과 곤충 등이 아름답게도 보'이는 일도 없을 것입니다.

'바르게 보고 바르게 생각하여 정당한 곳과 부정당한 곳을 구분해서 업에 끌리지
않으며' 라는 법문은 '온전한 생각으로 취사하기를 주의'하라는 법문과도 상통합니다.
자세히 보면 이 법문에도 삼학의 공부가 그대로 담겼습니다.

요컨대, '탐·진·치를 조복 받은 영'은 '거래가 자유'롭습니다.
살아서도 죽어서도 마음대로 거래할 수 있는 것입니다.

몸을 받을 때에도 태연자약하여 정당하게 몸을 받고,
태중에 들어갈 때에도 그 부모를 은의로 상대하여 탁태되며,
원을 세운 대로 대소사간에 결정보를 받게 되어,
오직 생사에 자유하고 육도 윤회에 끌리는 바가 없이

십이 인연을 임의로 궁글리고 다니나니라.]

전도몽상顚倒夢想에서 벗어나 바른 판단으로 몸을 받게 되고
입태를 할 때도 '색정色情'이 아니라 '은의恩誼'로 탁태할 수 있습니다.
'탐·진·치를 조복 받은 영'은 그만큼 마음의 힘이 있기 때문입니다.
원하는 대로 결정보決定報도 받을 수 있어서 '생사에 자유'할 수 있습니다.

생사의 이치는 부처나 중생에게나 동일하게 적용됩니다.
하지만 부처님은 생사 거래에 자유할 힘을 가졌고
중생은 그 힘을 가지지 못한 차이가 있을 뿐입니다.
십이인연법도 마찬가지입니다.
'탐·진·치에 끌린 영'은 '십이 인연十二因緣에 끌려 다니'면서 '무수한 고'를 받고,
'탐·진·치를 조복 받은 영'은 '십이 인연을 임의로 궁글리고 다니나니라'고
두 가지 영의 차이를 알려주십니다.

이 법문은 공부인들이 왜 마음공부를 해야 하는지,
왜 마음의 힘을 길러야 하는지,
왜 탐·진·치가 법마상전급 계문에 들어 있는지,
마음의 행로가 사후의 행로를 어떻게 결정하는지,
중음계의 영혼이 어떻게 마음을 챙겨서 마음을 써야 할지까지
세세히 알려줍니다.

이렇게 사실적이고 구체적인 생사 거래에 관한 법문을 접하기는 쉽지 않습니다.
생사에 자유하려는 공부인이라면 평생에 보감 삼을 법문입니다.

나의 마음공부

- 나는 평소 탐·진·치에 얼마나 끌리고 있나요?

- 나는 평소 내 마음대로, 의지대로 거래를 하고 있나요?

- 나는 혼몽 중에 전도몽상顚倒夢想에 빠지지 않나요?

- 나는 죽어서도 '온전한 생각으로 취사하기를 주의'할 수 있을까요?

- 나는 평소의 마음공부 실력을 죽음 이후에도 그대로 유지할 수 있을까요?

- 나는 생사 거래에 어느 정도나 자유롭나요?

또 여쭙기를

[어떠한 연유로 하여 가까운 인연이 되나이까.]

대종사 말씀하시기를

[중생들은 보통 친애하는 선연과 미워하는 악연으로 가까운 인연을 맺게 되나 불보살들은 중생을 제도하기 위하여 자비로 모든 인연을 가까이 맺으시나니라.]

『대종경』「천도품」37장

- **인연因緣** : ⑴인因과 연緣. 곧 안에서 결과를 만드는 직접적인 원인과 그 인을 밖에서 도와서 결과를 만드는 간접적인 힘이 되는 연줄, 모든 사물은 이 인연에 의하여 생멸한다고 함. ⑵불교의 입장에서는 일체 만물은 모두 상대적 의존관계에 의해서 형성된다고 한다. 동시적 의존관계(주관과 객관)와 이시적異時的 의존관계(원인과 결과)로 나누어진다. 어떤 결과를 만들어 내는 직접적인 원인을 인因이라 하고, 인과 협동하여 결과를 만드는 간접적인 원인을 연緣이라 한다. 가령 농사의 경우에 종자를 인이라 하고, 비료나 노동력 등을 연이라 한다. 이 경우 아무리 인이 좋다 할지라도 연을 만나지 못하면 결과를 가져올 수 없다. 그러므로 인도 물론 좋아야 하지만 연도 또한 좋아야 좋은 결과를 가져올 수 있는 것이다. 그래서 사람이 행복하게 살려면 상생상화의 선연을 맺어야 하는 것이다. 기계적 의미의 원인과 결과 관계가 아니라 인因이 있어서 연緣을 만나면 반드시 과果가 있다는 말인 인연과를 줄여서 인연이라고도 한다. 인 없이 연만으로는 과가 있을 수 없고, 인이 있다 할지라도 연을 만나지 못하면 역시 과가 있을 수 없다. 인과 연이 있으면 반드시 과가 있고, 과가 있다는 것은 인과 연이 만났다는 뜻이다. ⑶두 사람, 특히 남녀의 연분緣分. ⑷유래由來 또는 내력.

가까운 인연 | 풀이 |

또 여쭙기를
[어떠한 연유로 하여 가까운 인연이 되나이까.]

가까운 인연과 먼 인연이 맺어지는 이유에 대한 질문입니다.
인연에 대한 질문이기도 하지만 이 법문이 「천도품」에 편집되었음을 감안한다면
생전의 인연이 내생의 인연 맺음과 어떻게 관계되는지에 대한 물음일 수 있습니다.

대종사 말씀하시기를
[중생들은 보통 친애하는 선연과 미워하는 악연으로 가까운 인연을 맺게 되나

금생이든지 내생이든지 인연 맺음의 이치는 동일합니다.
한 '마음'이 '인因'이 되고
이 '인'이라는 씨앗이 '연緣'이라는 환경 또는 여건을 만나서
어떤 '인연'이라는 '과果'로 맺어지는 것입니다.

소태산 대종사님은 「요훈품」 3장에서 이런 법문을 하셨습니다.
"한 마음이 선하면 모든 선이 이에 따라 일어나고, 한 마음이 악하면 모든 악이 이에 따라 일어나나니, 그러므로 마음은 모든 선악의 근본이 되나니라."
이 법문과 상통하는 내용입니다.
'친애하는' 마음(因)이 사람이나 환경(緣)을 만나면 자연스럽게 '선연'(果)을 맺게 되고,
'미워하는' 마음(因)이 사람이나 환경(緣)을 만나면 자연스럽게 '악연'(果)을 맺게 됩니다.
'콩 심은 데 콩 나고 팥 심은 데 팥 나는' 이치와 같습니다.
'인과보응의 이치', '인연과因緣果'의 이치입니다.

'친애'하든지, '미워'하든지 한쪽에 치우치는 마음은 중생의 마음입니다.
그래서 중생들의 인연은 소위 '좋아하는 사람'과 '미워하는 사람'으로 나뉩니다.
한쪽 감정에 치우친 인연 맺음은 바람직하지 않습니다.
편착된 마음이 편착된 인연을 맺고, 편착된 인연이 편착된 삶을 고착시키기 쉽습니다.
이생에서 인연을 맺는 방식대로 내생에도 그렇게 인연을 맺을 것입니다.
중생의 마음은 중생의 인연 맺음으로 이어집니다.
'가까운 인연'을 돌아보면서 그 원인과 결과도 깊이 생각해봐야겠습니다.

불보살들은 중생을 제도하기 위하여 자비로 모든 인연을 가까이 맺으시나니라.]

어리석은 중생들과 달리 불보살님들은 '친애하는' 마음, '미워하는' 마음이라는
마음 씨앗을 애초에 뿌리지 않습니다.
좋아하는 사람은 가까이하고, 미워하는 사람은 멀리하는 인연 맺기를 하지 않습니다.
불보살들은 소위 '원근친소遠近親疏'의 마음으로 인연 맺음을 하지 않습니다.
언뜻 보면 쉬운 말인 듯하지만 사실은 결코 쉬운 경지가 아닙니다.
『정전』「법위등급」의 '출가위' 조항을 보면
'원근친소와 자타의 국한을 벗어나서 일체 생령을 위하여'라는 내용이 있습니다.
'출가위'가 성인의 경지인 '법강항마위'와 최고 법위인 '대각여래위' 사이에 있는
것만 보더라도 '원근친소'를 벗어나는 것이 얼마나 어려운 것인지를 알 수 있습니다.

특별한 대상을 '친애'하거나 '미워'하는 마음이 아니라
'원근친소와 자타의 국한을 벗어'난 마음으로 모든 사람을 대하는 공부인이 되어야
불보살이라고 할 수 있습니다.

『정전』「법위등급」의 '대각여래위' 조항에는
'대자대비로 일체 생령을 제도하되'라는 내용이 있습니다.
'제도'하기 위해서 '일체 생령'과 인연을 맺는 경지라고 할 수 있습니다.
'불보살들은 중생을 제도하기 위하여 자비로 모든 인연을 가까이 맺으시나니라.'라는

법문과 부합하는 내용입니다.

'친애하는' 마음과 '미워하는' 마음은 곧 '애증'의 마음이라고 할 수 있습니다.
애증에 끌리는 마음은 애증의 인연을 맺을 것이고 이런 인간관계는
애증으로 인한 고통을 불러올 것입니다.

'중생 제도'의 서원, '대자대비의 마음', '은혜로운 마음', '원만구족 지공무사한
마음'으로 인연을 맺는다면 삼세의 경계를 넘어 영원히 상생의 선연을 맺을 수 있을
것입니다.

대각여래위 불보살은 세세 생생에 인연 맺기를 가장 잘하는 사람입니다.
세세 생생에 인연 맺기를 잘하는 공부인, 불제자가 되어야겠습니다.

나의 마음공부

• 나는 어떤 사람과 가까운 인연을 맺나요?

• 어떤 사람과 가까운 인연이 되는 이유는 무엇일까요?

• 나는 '친애하는' 마음, '미워하는' 마음에 편착되어서 인연을 맺지 않나요?

- 나는 '제도하기 위하여' 누군가를 가까이 하나요?

- 나는 '자비'로운 마음으로 모든 인연을 가까이 맺고 있나요?

38

또 여쭙기를
[사람이 죽은 후에만 천도를 받나이까.]
대종사 말씀하시기를
[천도에는 생사가 다름이 없으므로
죽은 후에 다른 사람이 하는 것보다
생전에 자기 스스로 하는 것이 더욱 효과가 있으리라.

그러므로, 평소에 자기 마음을 밝고 조촐하고 바르게 길들여,
육식六識이 육진六塵 가운데 출입하되 물들고 섞이지 아니할 정도에 이르면
남을 천도하는 데에도 큰 능력이 있을 뿐 아니라
자기 생전에 자기의 천도를 마쳤다 할 것이나,
이러한 사람은 그리 흔하지 아니하나니,
그러므로 삼세의 수도인들이 모두 바쁘게 수도하였나니라.]

『대종경』「천도품」 38장

- 육식六識 : 육경六境을 인식하는 안식眼識·이식耳識·비식鼻識·설식舌識·신식身識·의식意識의 총칭.
- 육진六塵 : 인간의 본성을 흐리게 하는 여섯 가지 경계. 곧, 육근을 작용할 때 그 대상이 되는 색·성·향·미·촉·법의 육경六境을 말한다. 이 육경은 육근을 통하여 청정 자성심을 더럽게 물들이기 때문에 육진 또는 육적六賊이라 한다.

자기 생전에 자기의 천도를 | 풀이 |

또 여쭙기를
[사람이 죽은 후에만 천도를 받나이까.]

'천도薦度'란 통상적으로 '죽은 사람의 영혼을 바른길로 인도'하는 것을 의미합니다.
본래의 의미를 확장해서 '교화'와 같은 의미로도 사용하지만
그런 용례는 예외적이라고 할 수 있습니다.
이런 사실을 알고 있을 제자가 굳이 '죽은 후에만'이라고 단서를 달아 질문합니다.

대종사 말씀하시기를
[천도에는 생사가 다름이 없으므로

의식儀式으로서의 '천도재薦度齋'는 사람이 죽은 후에 행하지만
내용으로서의 '천도'는 생전과 사후에 따른 구분이 불필요하다고 알려주십니다.
소태산 대종사님은 이미 다른 법문에서
'그 식심識心만은 생전 사후가 다름이 없'다 - 「천도품」36장,
'소소昭昭한 영식靈識은 영원히 사라지지 아니'한다 - 「천도품」6장,
'죽을 때에 떠나는 그 영식이 다시 이 세상에 새 몸을 받아 나타나게' 된다고 - 「천도품」6장
설하신 바 있습니다.
영식에 생사가 없으니 '천도에는 생사가 다름이 없'는 것이 당연합니다.
이에 따라 『원불교대사전』도 '천도薦度'를 '죽은 사람의 영혼을 바른길로 인도하고, 악한 사람을 선한 사람으로 전환시키며, 자기 자신을 진급시키는 노력을 하는 것.'이라고 설명합니다.

그러므로, 평소에 자기 마음을 밝고 조촐하고 바르게 길들여,

살아서도 마음공부, 죽어서도 마음공부가 중요하다는 말씀입니다.
'평소에 자기 마음을 밝고 조촐하고 바르게 길들여'라는 말씀은
정신수양·사리연구·작업취사 삼학의 수행을 의미한다고 볼 수 있습니다.

육식六識이 육진六塵 가운데 출입하되 물들고 섞이지 아니할 정도에 이르면

수행의 결과가 이 정도는 되어야 한다고 말씀하십니다.
천만 경계에도 마음의 '조촐함, 밝음, 바름'이 유지되어야 한다는 의미입니다.
이는 '육근을 응용하여 법마상전을 하되 법이 백전백승' - 『정전』「법위등급」 하는
'법강항마위'의 경지라고 할 수 있습니다.

**남을 천도하는 데에도 큰 능력이 있을 뿐 아니라
자기 생전에 자기의 천도를 마쳤다 할 것이나,**

이 정도 실력을 갖춰야 '자신 제도'와 '자기 천도'의 능력을 갖췄다고 할 수 있습니다.
결코 쉬운 경지가 아닙니다.
'파란고해'에서 헤매는 자신을 구해낼 능력을 갖추었으니,
'파란고해'에서 헤매는 '일체 생령'을 구원해서 '광대무량한 낙원으로 인도'할 능력도
가질 수 있는 것입니다.
비유하자면, 최소한 어떤 상황에서도 생존할 수 있는 정도의 수영 실력을 갖춰야
물에 빠진 다른 사람도 구할 수 있는 것과 같습니다.
자신의 병을 치유할 수 있어야 다른 사람의 병도 낫게 할 수 있는 것과도 같습니다.

요컨대, '자기 천도'와 '타인 천도'가 둘이 아니고,
'생전生前 천도'와 '사후死後 천도' 역시 둘이 아닌 것입니다.

**이러한 사람은 그리 흔하지 아니하나니,
그러므로 삼세의 수도인들이 모두 바쁘게 수도하였나니라.]**

대종사님께서는 이런 실력을 갖춘 사람들이 흔치 않다고 하시며,
그렇기 때문에 열심히 수도하라고 당부하십니다.

살아있는 사람의 천도를 위한 의식으로서 '예수재豫修齋'도 있지만
평소 생활 속에서 자신 제도를 위해 수행과 훈련에 공을 들이는 것이
곧 자신 천도가 되는 것입니다.
공부인들은 생과 사를 구분하지 말고 언제 어디서나 마음공부에 공을 들여
생전에 자신을 천도할 수 있는 마음의 힘을 쌓아야겠습니다.

'참으로 영원한 나의 소유는
정법에 대한 서원과 그것을 수행한 마음의 힘이니,
서원과 마음공부에 끊임없는 공을 쌓아야
한없는 세상에 혜복의 주인공이 되나니라' - 「천도품」17장 라는 법문과 일맥상통합니다.

삼학 수행으로 삼대력을 갖추면
천만 경계에 응할 때에도 육진에 물들지 않는 마음의 힘을 가지게 되어
'자기 생전에 자기의 천도를 마치'게 되며
'남을 천도하는 데에도 큰 능력'을 갖추게 된다는 말씀입니다.
수행이 관건입니다.

나의 마음공부

• 나는 평소에 나의 마음공부가 나의 천도에도 도움이 된다고 생각하며 공부하나요?

• 나는 평소에 내 마음을 어떻게 '밝고 조촐하고 바르게' 길들이고 있나요?

• 나는 '육식이 육진 가운데 출입하되 물들고 섞이지 아니'함을 알아차리고 있나요?

- 나는 천만 경계에도 온전한 마음을 챙길 수 있나요?

- 나는 '자신 천도', '생전 천도'를 얼마나 했나요?

- 나는 '타인 천도'하는 능력을 얼마나 갖추었나요?

> **참고** 『대종경』 15품의 주요 내용

제 1 서 품 : 원불교 창립 목적과 배경, 주요 과정 및 불교 혁신의 내용 등 소태산 사상의 서설적 법문.

제 2 교의품 : 원불교의 신앙·수행 교리 전반에 관한 법문.

제 3 수행품 : 원불교 수행법 이해와 실행에 관한 다양한 법문.

제 4 인도품 : 도덕의 이해와 실천에 관한 원론적 법문과 다양한 응용 법문.

제 5 인과품 : 인과보응의 이치에 대한 다양한 해석 사례와 응용 법문.

제 6 변의품 : 교리에 관련된 다양한 의문들에 관한 응답 법문.

제 7 성리품 : 성품의 원리와 깨달음, 견성 성불 및 성리문답에 관한 법문.

제 8 불지품 : 부처님의 경지와 심법, 자비방편에 관한 법문.

제 9 천도품 : 생사의 원리와 윤회·해탈, 영혼 천도에 관한 법문.

제 10 신성품 : 신앙인의 믿음과 태도에 관한 법문.

제 11 요훈품 : 인생길과 공부길을 안내하는 짧은 격언 형태의 법문.

제 12 실시품 : 다양한 경계에 응한 대종사의 용심법에 관한 법문.

제 13 교단품 : 원불교 교단의 의의와 운영, 발전 방안 및 미래 구상에 관한 법문.

제 14 전망품 : 사회·국가·세계, 종교, 문명, 교단의 미래에 관한 예언적 법문.

제 15 부촉품 : 대종사가 열반을 앞두고 제자들에게 남긴 부탁과 맡김의 법문.

소태산 대종경 마음공부

발행일 | 원기109년(2024년) 2월 1일
편저자 | 최정풍

디자인 | 토음디자인
인쇄 | ㈜문덕인쇄

펴낸곳 | 도서출판 마음공부
출판등록 | 2014년 4월 4일 제2022-000003호
주소 | 전북 익산시 익산대로 463, 3층
전화 | 070-7011-2392
ISBN | 979-11-982813-9-5
값 | 12,000원

도서출판 마음공부는 소태산마음학교를 후원합니다.
후원계좌 : 농협 301-0172-5652-11 (예금주: 소태산마음학교)